Ségolène Royal,
ombre & lumière

Évelyne Pathouot

Ségolène Royal
ombre & lumière

Témoignage

ÉDITIONS MICHALON

14, rue Monsieur-le-Prince – 75006 Paris
www.michalon.fr
ISBN : 978-284-186-394-5

Introduction

Docteur Royal et Miss Ségo

Ségolène Royal occupe aujourd'hui les devants de la scène politico-médiatique. Candidate du Parti socialiste à l'élection présidentielle de 2007, elle est devenue en quelques mois une véritable vedette. La presse suit ses déplacements, en France, au Moyen-Orient ou en Chine, à grand renfort d'envoyés spéciaux et de crépitements de flashs.

Elle accorde de nombreuses interviews, sans jamais se révéler. Elle se veut à la fois consensuelle et différente, porte-parole d'un attachement à la tradition et incarnation d'un désir d'avenir. Pourtant, si l'on excepte quelques-unes de ses positions, particulièrement iconoclastes aux yeux des derniers mammouths du socialisme à la française mais plutôt populaires auprès de la majorité des électeurs, Ségolène Royal ne dit pas grand-chose de fracassant. Elle prend bien garde de ne choquer personne, affirmant pour justifier cette prudence, qu'elle est avant tout « à l'écoute ». De fait, la plupart de ses interventions se résument à une poignée d'idées à l'apparence novatrice car rangées sous les vocables « ordre juste », « démocratie participative », « développement durable » et autre « République du respect ». En dépit de ce vide programmatique qui inquiète sérieusement certains de ses plus proches collaborateurs et supporters, Ségolène continue de séduire une large part de l'opinion publique.

Les sondages la classent en tête des personnalités politiques. Elle feint avec bonne grâce de s'en étonner, comme si c'était là une faveur qu'elle ne méritait pas. Éditorialistes et journalistes savent pourtant qu'elle cultive soigneusement sa popularité et qu'elle décortique minutieusement, avec l'aide d'experts, l'évolution de son image au sein du corps électoral.

Plus les semaines passent, plus elle affirme vouloir « rassembler ». Résultat : Ségolène Royal, c'est un peu l'auberge espagnole de la politique. Chacun a sa Ségolène et prétend que c'est la seule, la vraie, l'unique. À défaut d'être prophétesse, elle a déjà ses exégètes qui se penchent gravement sur son cas, dissertant doctement des canons, dogmes, rites et croyances du ségolisme.

Elle laisse faire, minaudant quelques phrases obscures dont il ressort une seule chose : qu'on ne cherche pas à savoir qui elle est. C'est un sujet tabou. Ségolène, si elle a un avenir radieux, n'a pas véritablement de passé. Celui-ci est soigneusement retouché car il pourrait ternir son image. La plupart de ses biographes se sont heurtés à une fin sèche de non-recevoir. Elle n'a pas le temps de les rencontrer et de leur raconter par le menu son enfance, son adolescence et encore moins sa lente ascension sur la scène politique. Résultat, les auteurs sont contraints de piocher dans les mêmes dossiers de presse, qui se répètent invariablement. À partir de coupures défraîchies, ils reconstituent ce qui leur paraît être le parcours logique de la candidate à la présidentielle...

Elle a verrouillé les codes d'accès de son personnage. Ses plus farouches et plus fidèles partisans ont fait vœu de silence. Ils n'ont rien à dire et le disent très bien. Ils concèdent tout au plus qu'elle les fascine et les séduit ; plus rarement, qu'elle les terrorise.

Je connais bien Ségolène, puisque j'ai travaillé à ses côtés comme assistante parlementaire de 1995 à 1997. J'ai été, un temps, une ségoliste convaincue, même si ce n'était pas ma famille politique d'origine. Puis, peu à peu, j'ai découvert la part d'ombre de cette dirigeante politique. Celle que j'idéalisais trop, certainement, m'est alors apparue pour ce qu'elle est : une femme ambitieuse et calculatrice, capable d'écraser sans pitié tous ceux et celles qui gênent sa longue marche vers la plus haute charge de l'État, celle qu'elle estime lui revenir quasiment de droit divin. Oh, elle n'est évidemment pas la seule personnalité du monde politique à cumuler ce genre de défauts mais, et c'est certainement ce qu'il y a de plus frappant et de plus inquiétant chez elle, Ségolène Royal possède une habileté exceptionnelle à masquer derrière la madone progressiste une marâtre autoritaire.

Je n'ai d'autre but que d'apporter mon modeste témoignage sur cette femme publique dont la route a croisé la mienne, pour le meilleur et... pour le pire. Je n'ai aucune détestation ni amitié particulière pour elle. Ce livre n'est pas un pamphlet, encore moins un réquisitoire. C'est un portrait, mon portrait, de la « Dame du Poitou » que je veux montrer à la fois dans l'ombre et en pleine lumière. Je n'avance rien qui ne soit soigneusement vérifié ou vérifiable. Je laisse à chacun le soin de juger si elle est effectivement digne d'être présidente de la République, la première en France. Avant que les électeurs ne choisissent ou ne rejettent Madame Royal, j'entends qu'ils sachent qui est Ségolène. Car il y a Dr Royal et Miss Ségo ! Nul ne pourra dire qu'il n'a été prévenu. Voici donc, telle qu'en elle-même et au quotidien, le portrait de celle qui n'était alors qu'une « modeste » élue des Deux-Sèvres.

Paris, février 2007

CHAPITRE 1

Le jour où l'élue Royal m'a embauchée

Que dire de la permanence d'un élu local ? Que le lieu peut ressembler à la salle d'attente d'un cabinet médical et qu'avec un peu d'expérience, on peut, comme chez le médecin, deviner les motivations de ceux qui le fréquentent : un épais dossier laisse deviner un échange épistolaire sans médiation, des formulaires à moitié remplis supposent la quête d'un emploi, d'un logement ou l'espoir d'une aide financière. Et puis il y a les visiteurs aux mains vides, ceux qui ont... du temps à tuer ; ils peuvent paraître les plus redoutables mais s'avèrent, en réalité, les plus utiles. Ces audiences « thermomètres » peuvent, c'est selon, indiquer que le canton est fiévreux, que la circonscription couve quelque chose, que le pays va tomber malade...

Ces quelques pensées m'occupaient l'esprit ce jour de l'automne 1995, alors qu'à l'instar d'une dizaine d'autres personnes, j'attendais dans la petite mairie de Beauvoir-sur-Niort d'être reçue par Madame Ségolène Royal. J'observais ces gens et, déformation professionnelle sûrement, je m'amusais à deviner, en tant que praticienne des questions locales, les raisons de leur présence.

À cette époque, j'étais employée d'une petite association chargée d'aider au développement de la région rurale du Saint-Maixentais. Nous étions une poignée à partager, au gré de nos succès ou de nos piétinements, tantôt la certitude d'émanciper cette parcelle de territoire, tantôt, le plus souvent hélas, le désespoir de son enclavement. Notre association « Ruravive » s'embourbait, et notre moral avec.

Trop fréquemment aux prises avec ce désagréable sentiment d'échec causé par l'impuissance de pouvoir faire vraiment bouger les choses, j'avais décidé, me fiant à mon instinct et à une bonne dose de culot dont mes proches me créditaient alors, de rencontrer Ségolène Royal. Prudente quant au succès de cette initiative, j'avais préféré ne pas consulter mes collègues de l'association avant de venir la trouver. J'avais cependant bien réfléchi à ma démarche, l'image et la réputation de l'élue m'ayant amplement incitée à venir lui parler de nos difficultés. Madame Royal était en effet devenue en quelques années une personnalité locale de tout premier plan. Parachutée en Poitou-Charentes par le Parti socialiste en 1988, elle avait, contre toute attente, ravi à la droite la deuxième circonscription et avait su la conserver, améliorant même son score en mars 1993 alors que la majorité sortante, à laquelle elle appartenait, avait subi une cuisante défaite. Rapidement, elle avait assis son implantation locale, se faisant élire conseillère municipale à Melle, en 1989, puis conseillère générale de La Mothe-Saint-Héray en 1992. Son échec à la mairie de Niort, lors des municipales de 1995, ne paraissait qu'un accident de parcours dans une carrière menée tambour battant. Ministre de l'Environnement à trente-neuf ans dans le gouvernement de Pierre Bérégovoy où elle avait succédé à Brice Lalonde, elle s'était imposée par son dynamisme, et en séduisant la presse « impressionnée » par le tempérament de cette jeune femme résolue à faire avancer les dossiers, aussi bien face aux industriels locaux que face aux écologistes dont elle goûtait fort peu certaines fantaisies.

Ce portrait plutôt flatteur et *a priori* atypique me laissait penser que Ségolène Royal pourrait me prêter une oreille attentive. Et puis, elle me donnait véritablement l'impression d'avoir de la considération pour la France profonde et de l'intérêt pour le monde rural. Elle avait longtemps vécu en province. Elle ne me semblait pas du tout être une sorte de Marie-Antoinette s'émerveillant de l'univers enchanté du Petit Trianon. J'avais le sentiment que, pour elle, une exploitation agricole n'était ni un lieu exotique ni un parc d'attractions, mais bien le théâtre de la difficulté à vivre au quotidien, et qu'elle était bien ancrée dans la réalité...

C'est peut-être cet intérêt pour la ruralité qui avait touché François Mitterrand dont on connaît l'amour de la nature et l'attrait pour une province ayant abrité les plus heureuses années de sa vie. Peut-être ces deux-là s'étaient-ils jaugés et reconnus à l'aune des mêmes origines ? Pourtant, il faut le rappeler,

Ségolène Royal ne fera jamais partie ni du premier ni du second cercle, ni même du cénacle élargi de la mitterrandie.

En mairie de Beauvoir-sur-Niort ce jour-là, nous attendions Madame la Conseillère générale depuis un petit moment déjà. Je constaterai par la suite que Ségolène est, comme de nombreux élus, orfèvre dans l'art du retard. Je pense qu'elle a acquis cette maîtrise et l'a peaufinée auprès du Président qui voyait là une manière supplémentaire de démontrer qu'il faisait l'effort de distribuer un peu de son temps forcément précieux et que ceux qui bénéficiaient de cette « largesse » en sortaient forcément plus riches. Quelle que soit l'issue de l'affaire qui les préoccupait...

Elle arriva enfin, chaperonnée par une militante. Plutôt aimable, elle nous salua d'un large sourire et d'un petit geste de la main avant de pousser un léger soupir poliment masqué mais suffisamment audible afin de souligner combien elle était harassée et combien son mérite serait grand de nous prêter l'oreille.

Après environ une demi-heure d'attente, mon tour vint d'entrer dans ce qui était sans doute la salle de réunion du conseil municipal : une table, des chaises, quelques rayonnages chargés de dossiers, le portrait officiel du président de la République et, planant comme la délatrice d'une loi Évin régulièrement foulée aux pieds, une très vilaine odeur de tabac froid.

Je me présentai et entrepris, la gorge un peu nouée par le trac, d'exposer les raisons de ma présence. Mon travail au sein de l'association Ruravive m'avait fait constater que la zone rurale du Saint-Maixentais, plus particulièrement le canton de La Mothe-Saint-Héray, se mourait littéralement. Comme si l'endroit ne figurait sur aucune carte, les subventions agricoles, pourtant généreusement distribuées des années durant par Bruxelles, semblaient avoir ignoré ce lieu fantôme. Entre étonnement sincère et récrimination contenue, je tentai d'en comprendre la raison. Après avoir écouté très attentivement mon propos, tout en arrangeant ses cheveux, la conseillère Royal m'expliqua : « Le contexte est certes difficile, mais nous venons de finaliser la création d'une communauté de communes. C'est une opportunité qui nous permettra d'agir et de remédier peut-être à cette situation. » Tout à mon enchantement, je ne vis pas que cette phrase positive n'était qu'une simple banalité technocratique. Au contraire, je fus séduite par ces mots qui me parurent magiques. J'avais vraiment vu juste en rendant visite à Madame Royal : elle me tendait une clé inespérée.

Et le léger agacement que je décelai dans sa voix, je l'interprétai alors et sans me tromper, par la contrariété de cette élue constatant un dysfonctionnement chez son personnel : Comment pouvait-elle tout ignorer des projets de Ruravive et de ses difficultés ? Pourquoi les (bons) résultats de son travail incessant pour le canton n'étaient-ils parvenus à nos oreilles auparavant ? Il y avait des failles dans son réseau, des incompétents peut-être. Elle devrait remédier à cette situation inacceptable.

Je venais ainsi, sans le vouloir, d'ébranler cette élue qui s'appliquait, avec minutie et détermination, à s'entourer de personnes quasi infaillibles, chargées de répercuter et de mettre en application la moindre de ses initiatives, à tous les échelons d'exercice du pouvoir. Elle avait bâti sa carrière sur le recrutement de collaborateurs et collaboratrices dont elle exigeait qu'ils fussent constamment sur la brèche. Aucun événement ne devait lui être inconnu, qu'il soit heureux ou malheureux, qu'il concerne un militant ou un électeur lambda. Du défaut de subvention d'un club de gymnastique jusqu'aux difficultés de trésorerie d'un comité des fêtes, tout devait impérativement figurer dans les dossiers de cette professionnelle scrupuleuse.

Elle avait pu mesurer l'utilité de ces *task-forces*, réduites mais efficaces, quand, en 1981, Jacques Attali les avait appelés, elle et son compagnon François Hollande, à rejoindre le petit groupe chargé d'alimenter en notes aussi bien le conseiller spécial du Président que le chef de l'État lui-même. Auprès de François Mitterrand, elle avait appris que l'exercice solitaire du pouvoir dépend avant tout de l'existence de réseaux d'amis et d'informateurs fiables dont les opinions importent moins que la capacité à prendre la température du pays et à prévenir la moindre bourde.

J'ai appris plus tard, qu'après mon départ, sa collaboratrice avait subi ses foudres : « Décidément, il faut que je fasse tout moi-même. À quoi servez-vous donc ? Heureusement que cette dame – comment s'appelle-t-elle déjà ? Ah ! oui, Pathouot – a vendu le morceau. Sans elle, je n'aurais rien su. »

Ma gaffe, car c'est bien ainsi que je suis maintenant en mesure de qualifier ma démarche, l'avait alertée et elle devait réagir vite, très vite. Jadis, on exécutait les porteurs de mauvaise nouvelle, aujourd'hui... on les embauche. En effet, piquée au vif, l'élue me réclamait, de manière quasi comminatoire, mon curriculum vitæ, tant il était évident, puisqu'elle venait de le décider, que je travaillerais à ses côtés. La machinerie royale venait de se mettre en branle.

J'étais tellement ravie après cet entretien qui m'avait laissé entrevoir des jours meilleurs pour Ruravive, j'avais une telle conviction d'avoir été entendue que sa « demande » me laissa pantoise. Je n'étais pas venue solliciter un emploi, j'en avais un que je n'entendais pas le moins du monde abandonner. Je souhaitais simplement rencontrer une personnalité de premier plan pour lui parler de l'action que nous menions au sein de l'association et lui faire part de nos inquiétudes. Mi-amusée mi-effarée, j'ai alors, en guise de CV, griffonné mes coordonnées sur un papier qui fut prestement enfoui dans sa poche. Quelques civilités d'usage servirent de conclusion à notre entretien.

Malgré l'incongruité de sa dernière séquence, ce rendez-vous me laissa légère, confiante et rassurée. Le résultat dépassait toutes mes espérances : j'avais établi un bon contact avec la conseillère générale, qui, mazette ! était Madame Ségolène Royal. J'avais la certitude d'avoir été écoutée par une élue sincèrement préoccupée par le devenir de sa circonscription et de sa région ; qui plus est, elle débordait d'énergie et anticipait les problèmes. Je gageais que, dans les semaines à venir, l'association en tirerait les bénéfices escomptés.

J'eus du mal, en repassant par la salle d'attente, à réprimer un sourire. Je ne me sentais pas le triomphe modeste, la « reine » n'étant pas ma cousine... J'étais si contente que je ne sentis ni le froid ni le crachin de cette soirée d'octobre qui voyait se sceller une partie de mon avenir. Je m'engouffrai dans ma voiture et, guillerette, pris le chemin du retour. Malheur à celles et à ceux qui me reprocheraient, ce soir-là, d'avoir trouvé une énième réunion urgente plutôt que de me consacrer docilement à mes devoirs de mère de famille. Que pouvaient-ils bien savoir, les innocents, de ce qu'une simple rencontre peut receler d'enrichissement et de réconfort ! Les résultats qui ne tarderaient pas de s'afficher se chargeraient de le leur apprendre et de m'absoudre. Normalement...

Peu de temps après, forte du souvenir de ce premier échange, je repris contact avec elle afin de lui soumettre, après l'avoir peaufiné et ciselé autant que possible, un projet argumenté et chiffré sur l'action et les objectifs de notre association.

Et c'est tôt dans la matinée du 11 novembre 1995, qu'elle m'appela à mon domicile. C'était un jour férié, un jour d'obligations pour tout élu qui se respecte et respecte son électorat : dépôts de gerbe aux monuments aux morts en présence des anciens combattants, « vins d'honneur », « pots de l'amitié », bref, contacts multiples et variés avec les habitants, les administrés, les électeurs.

En quelques mots, Madame Royal m'informa de son désir de m'avoir pour collaboratrice et s'enquit des délais de ma disponibilité : le lendemain aurait été idéal mais, parce qu'elle admettait bien certaines contraintes, elle attendrait jusqu'au surlendemain. La surprise passée, j'étais presque flattée par la proposition. J'investissais beaucoup de mon temps et de mon énergie dans une association qui, je dois bien le reconnaître aujourd'hui, avait atteint toutes ses limites en termes de moyens et de rayon d'action. Je me démenais pour obtenir de maigres subventions qui avaient de plus en plus de mal à tomber. Et si, ni mon enthousiasme ni ma patience n'étaient véritablement entamés, ma lucidité et le principe de réalité me rappelaient de plus en plus fréquemment à l'ordre : nous piétinions, à l'évidence, nous piétinions. Ségolène Royal, qui avait admirablement senti mes interrogations, m'expliqua alors combien ma connaissance du secteur du développement rural lui serait précieuse pour mettre en œuvre ses projets dont l'objectif était de sortir enfin le Saint-Maixentais de son inexorable déclin.

Je la remerciais chaleureusement de sa proposition dont j'acceptais le principe. Je refusais cependant le trop court délai qu'elle voulait m'imposer pour la rejoindre. J'étais en effet salariée de Ruravive, sur un contrat à durée indéterminée que le Code du travail m'imposait de ne rompre qu'après un préavis de deux mois. Ce Code du travail considéré à juste titre comme une conquête à mettre au crédit de combats, souvent rudes, des partis de gauche, Ségolène pensait pouvoir s'en accommoder. Elle connaissait bien le vice président de Ruravive, conseiller général socialiste des Deux-Sèvres, et n'aurait aucune difficulté, me certifia-t-elle, à trouver avec lui un arrangement. Tout cela serait bientôt écrit noir sur blanc et je n'avais, en attendant, aucun souci à me faire. Je commencerais à travailler pour elle de manière informelle dès le début du mois de décembre 1995, moyennant le versement d'une petite prime à la fin de l'année, une sorte d'étrennes qui seraient les bienvenues. Inutile de m'inquiéter : le responsable de l'association « couvrirait » mes absences de Ruravive puisque la structure tirerait bien vite avantage de notre coopération ainsi portée sur des fonts baptismaux, assez peu catholiques...

Elle paraissait si sûre d'elle qu'il ne me vint même pas à l'idée d'évoquer le montant de mon salaire qui ne pouvait être inférieur, j'en étais convaincue, à celui que je percevais jusque-là. Je commis là, je le reconnais, une erreur de débutante, mais la seule perspective de travailler avec une telle personnalité m'avait grisée. Tout le reste était littérature. Quand une bonne fée se penche sur le berceau d'un enfant, il ne vient à l'esprit de personne de négocier les bienfaits dont elle va le combler. Et puis, pour quelle raison me serais-je méfiée ? Très professionnelle, Ségolène me demandait même de faire parvenir à son secrétariat un relevé d'identité bancaire, une fiche d'état civil et des photocopies de ma carte d'identité et de ma carte de Sécurité sociale, autant d'éléments indispensables à l'établissement d'un contrat de travail et des bulletins de salaire en découlant. Ainsi, le fait d'avoir été ministre ne l'avait pas éloignée des contingences pratiques auxquelles tout employeur doit répondre. Ségolène me démontrait avec un incroyable naturel et un pragmatisme étonnant son sens du réel. J'étais bluffée...

Au début, tout fonctionna à merveille. Informé de mon départ, le vice-président de l'association ne souleva aucune objection. L'idée de me voir devenir l'assistante de son amie Ségolène le ravissait secrètement. Notre collaboration avait été amicale et fructueuse et il ne lui déplaisait pas de disposer, auprès de l'élue, d'une « alliée », susceptible de faire passer en priorité ses dossiers et de leur donner le coup de pouce nécessaire. Il aurait été mal venu de ma part de lui tenir rigueur de ce petit calcul politicien, mais tellement humain, tant cet homme s'était toujours montré bien disposé à mon égard. Et puis, si je pouvais aider Ruravive, évidemment que je le ferais avec bonheur...

J'ai donc commencé à travailler pour Ségolène au mois de décembre. Ma mission était relativement simple. Je devais prendre contact avec les maires des huit communes qui formaient « son » canton, me présenter à eux et m'enquérir de leurs besoins et de leurs doléances. Ma tâche serait une espèce d'« audit » comme on doit dire à l'École

Nationale d'Administration, de « tournée des popotes » comme je me plaisais intérieurement à la qualifier, tant il est vrai que l'exercice ainsi baptisé me paraissait plus conforme à la réalité et à la simplicité avec lesquelles il s'accomplissait.

Je commençais par écumer consciencieusement les communes du canton qui avait élu Madame Royal. J'aurais dû être alertée par certains « détails » que mon zèle de néophyte me fit pourtant négliger. L'accueil des édiles était très variable. Sans doute n'étais-je pas la première « petite main » que Ségolène dépêchait auprès d'eux, les précédentes ayant, depuis, abandonné leur mission et, avec elle, ces fameuses « promesses qui n'engagent que ceux qui y croient ». Essentiellement soucieux des intérêts de leurs administrés, les maires ne laissaient presque rien paraître de leurs sentiments entre désabusement et agacement. Ils attendaient de voir la « petite nouvelle » à l'œuvre. Les élus de gauche – une étiquette dont l'éventail des sensibilités peut s'avérer assez large à la campagne et qui ne signifie pas forcément que l'élu en question est « encarté » – me reçurent fort aimablement et se montrèrent loquaces. Ceux de droite – qu'ils le fussent réellement ou qu'on les qualifiât ainsi – affichèrent au mieux de la réserve, au pire une hostilité viscérale envers Ségolène Royal. Cette attitude me déconcerta.

En effet, mon expérience m'avait enseigné qu'au plan local, les opinions étaient moins clivées qu'à un niveau national. L'hostilité liée aux divergences idéologiques y est beaucoup moins vive. L'arène politique est restreinte, les picadors, toréadors et matadors se connaissent, se fréquentent, s'apprécient, s'embrassent. Ils sont parents d'élèves dans les mêmes écoles, parfois collègues de travail et, lorsqu'ils sont paysans, ils ont régulièrement recours, pour les travaux des champs, aux services de leurs adversaires. Enfin, lorsqu'ils sont commerçants ou entrepreneurs, notaires, médecins ou pharmaciens, le sens des affaires – ou le serment d'Hippocrate – les incite à bien se conduire avec tous leurs clients et tous leurs patients. Y compris s'ils sont élus de l'autre « bord ». Ils connaissent souvent les difficultés des uns et des autres, certains de leurs « secrets de famille », les petits malheurs et les grandes joies de tout un chacun. Surtout, et quelle que soit leur « obédience », ils partagent tous la même conviction : leur avis n'est pas entendu, leur expérience du terrain souvent méprisée. Ces hommes et femmes se démènent comme des fous pour le bien-être de la collectivité qui les a élus ; bien souvent, ils se serrent les coudes lorsque la situation de leur région, surtout si elle est déshéritée, devient trop rude, et cette solidarité n'est pas de façade. Ils se jaugent et s'estiment plus en fonction de leurs compétences que de leurs opinions. Du coup, on peut régulièrement entendre tel élu faire l'éloge de son « adversaire ». Le travail d'un chercheur comme Maurice Agulhon nous explique bien comment notre France républicaine s'est construite à partir d'un dense maillage communal et la coexistence pacifique qu'il a générée. Les gradins des tribunes où se retrouvent les notables lors des comices agricoles en sont une des manifestations tellement plus symbolique et sympathique que le *Clochemerle* de Gabriel Chevalier dont je juge personnellement la vision à la fois tronquée et injuste.

Je découvris donc, avec stupeur et consternation, la haine farouche et le mépris cinglant que certains élus vouaient à Ségolène Royal. Et, ce n'était pas son étiquette politique qui était en cause. En effet, aucun d'entre eux ne lui reprochait vraiment d'avoir été parachutée ou stigmatisait ses prises de position. Ce qui alimentait leur grande animosité envers elle était à la fois plus simple et plus grave : entre elle et eux, le courant n'était jamais passé et on sentait une totale incompatibilité de personnalité. Plus grave, ils en étaient tous arrivés à être intimement persuadés que la simple présence de Ségolène Royal suffisait à faire échouer le moindre projet. Et selon eux, ce n'était pas un quelconque ostracisme de la part des services des diverses administrations déconcentrées à l'encontre de l'élue qui entraînerait un échec, mais bien son seul comportement...

J'usais de diplomatie, je me montrais conciliante, compatissante, réconfortante et, lorsque je sentais leurs récriminations un peu enterrées, leur optimisme revenu, j'entreprenais de convaincre ces interlocuteurs qu'il ne s'agissait là que de déplorables malentendus. Je me faisais fort de faire avancer leurs dossiers en souffrance. Ainsi, bientôt, le ton changea et l'accueil également. La confiance était en partie restaurée. La coopération pouvait à nouveau s'exercer. Assez fière de cette petite victoire, je préférais néanmoins en attribuer le plus grand mérite à ma « patronne ». Je l'admirais tellement que j'étais convaincue que des broutilles, désormais dissipées, avaient troublé le jugement de ces élus de droite, que Ségolène était bien un sésame et que sa carte de visite avait des vertus magiques. C'est précisément l'inverse que je venais de vivre, mais j'étais aveuglée.

J'étais toujours sur ce petit nuage au moment des fêtes de Noël. Je savais qu'elles seraient vécues plus confortablement que les années précédentes puisque j'attendais le dédommagement promis, une « prime » qui s'ajouterait à mon salaire de Ruravive. Aux dires des membres de ma famille, ce fut une fin d'année marquée d'un sceau proprement... royal. Au diable le sapin et ses lampions, la dinde et ses marrons, la crèche et ses santons ! Vive Ségolène, La Mothe-Saint-Héray et le Saint-Maixentais. Tous mes proches me disent, encore aujourd'hui, avoir conservé un souvenir plutôt surréaliste de ces fêtes de fin d'année tant j'étais exaltée par les prouesses que la fée Ségolène ne manquerait pas de réaliser. J'ai refusé d'entendre la moindre réserve. Et pourtant, je sais désormais que leur prudence élémentaire était plus que fondée...

Rien, alors, n'aurait pu me faire revenir sur ma – ou plutôt sur « sa » – décision, et certainement pas les premières vraies difficultés auxquelles je fus rapidement confrontée. Début janvier 1996, au moment d'établir mon contrat, Ségolène m'expliqua qu'elle ne serait sans doute pas en mesure de me verser un salaire équivalent à celui que je percevais avec Ruravive. Sur le moment, le charme opérant toujours, cela ne m'inquiéta pas outre mesure. Je savais que chaque député dispose d'une enveloppe budgétaire lui permettant d'embaucher plusieurs collaborateurs. Ségolène avait sans doute épuisé son indemnité et tout rentrerait dans l'ordre quand les services de la questure de l'Assemblée nationale débloqueraient des fonds. En attendant, Madame Royal avait une solution de « dépannage » grâce à l'un de ses « camarades » qui était trésorier d'une association de type loi de 1901, « Poitou 93 ». Cette structure me verserait un complément de salaire. Je pourrais ainsi rester auprès d'elle, officiellement engagée à mi-temps – même si je devrais travailler à ses côtés vingt-cinq heures sur vingt-quatre. J'avais donc un demi-emploi légal et un demi-emploi au statut moins... net !

Hormis la petite sensation désagréable d'avoir été un peu « baladée », je m'accommodai de cette proposition un peu « limite » en me disant que c'était une solution temporaire. Il est vrai que ce genre de « petits arrangements entre amis » était encore assez courant à cette époque même s'il était le plus souvent fustigé par ceux-là mêmes qui y avaient recours. Je découvrirais, l'année même de mon « semi-engagement », dans un ouvrage que Ségolène Royal publia chez Stock, *La Vérité d'une femme*, quelques préceptes soigneusement distillés et dont j'aurais aimé être le bénéficiaire : « Tiens parole, le cours confiance est le meilleur ciment de ton équipe », « Pour la gauche, c'est la relation à l'autre qui est essentielle, le souci de l'humain dans toute décision, le respect d'autrui, le refus de la xénophobie. » Ce morceau d'anthologie enfin : « Certains présidents de conseils généraux ou de régions se comportent comme des seigneurs, usant de l'argent public comme s'ils en étaient les seuls comptables, octroyant telle ou telle subvention, comme des supérieurs à leurs vassaux, transformant le destinataire – commune ou association – en obligé. Ce n'est pas une subvention de la collectivité départementale qui est reçue, c'est une sorte de « grâce concédée par le président qui est reçue, et auquel il convient de rendre hommage personnellement et publiquement ».

Aucune de ces lignes ne devait être écrite lorsque Madame Royal me proposa son montage, charge à moi, bien entendu, de prendre contact avec ledit trésorier. La démarche me déplaisait car je considérais qu'il ne me revenait pas de négocier la combine. Mais, puisque l'intéressé était informé et qu'il avait d'ores et déjà donné son accord, ce ne serait qu'une simple formalité... Après tout, autant m'occuper de cela, ma patronne avait des choses beaucoup plus sérieuses à régler. Et d'ailleurs, j'allais pouvoir l'accompagner dans sa noble mission...

Ségolène me remit les clés de mon bureau, un local mis à sa disposition par le maire de La Mothe-Saint-Héray, une bourgade un peu triste. Elle était dirigée par un maire de droite dont le portrait qu'elle m'en avait brossé me faisait redouter la fréquentation quotidienne. D'après elle, il s'agissait d'un ours mal léché, misogyne naturellement ; un ancien militaire, psychorigide naturellement. Un homme qui, dès qu'il aurait connaissance de mon arrivée, éviterait tout contact et multiplierait les tracasseries et chausse-trappes. J'étais prévenue : je serai un peu comme sainte Blandine dans la fosse aux lions. Je ne tardai pas à me rendre compte que la réalité était bien plus nuancée. Certes, le maire de La Mothe-Saint-Héray n'était pas le jovial Raimu égaré dans les Deux-Sèvres. Il était plutôt froid et nul ne pouvait ignorer qu'il avait fait toute sa carrière dans la « grande muette » – la bien nommée en l'occurrence. Fille de militaire, Ségolène a sans doute la fâcheuse tendance à voir, derrière chaque uniforme l'exacte réplique d'une figure paternelle à la fois redoutée et honnie. Difficile d'accès, mon nouveau voisin n'était cependant pas aussi insupportable qu'elle le prétendait. Il faudra certes du temps avant que je n'ose l'aborder et un peu plus encore avant de gagner sa confiance mais, au final, je constaterai que son caractère bourru n'excluait pas certaines formes de civilité et de politesse, aussi charmantes que désuètes.

En noircissant ainsi les traits de mon hôte, Ségolène instillait l'idée que je ne pouvais compter que sur elle, qu'elle était ma référence unique, mon bon génie, une élue de cœur sur laquelle je pouvais me reposer en toute confiance et en toutes circonstances. Ce trait de caractère que je commençais alors à découvrir est une véritable arme de domination massive dont elle use et abuse avec maestria auprès de ses collaborateurs. En veillant toujours à ce qu'aucune complicité réelle ne se crée entre ceux qu'elle s'est choisis, elle s'impose de fait comme l'unique recours et le seul ciment de son équipe. Le cas échéant, elle n'hésitera pas à écarter celui ou celle qui menacerait ce précieux monopole.

*

Comme je l'ai dit, il m'était revenu de contacter mon autre « demi-patron », le trésorier de « Poitou 93 », une association créée dans la petite commune de Melle, le 20 avril 1990, et présidée par Ségolène Royal. Cette structure, essentiellement financière, gérait l'argent provenant de subventions de l'État ou des fonds placés en actions et obligations, avant qu'il soit octroyé à des communes ou des associations sous forme d'aides ponctuelles. Selon les buts de « Poitou 93 », ces sommes devaient permettre de « préparer l'intégration du Poitou dans le marché unique et aider toutes les initiatives favorisant cette intégration et la promotion des richesses culturelles, économiques, humaines et patrimoniales du Poitou ». En réalité, il s'agissait d'une sorte de cassette, comme il en existait alors dans de nombreuses régions, permettant à l'élu de financer les campagnes de promotion de produits ou de manifestations à caractère culturel et patrimonial. Ségoliste convaincu, ce responsable d'association était cependant suffisamment lucide pour être agacé par la manière dont on usait de lui comme d'un « intendant des volontés royales ». Aux premiers mots échangés, je m'aperçus, avec stupéfaction, qu'il ignorait tout de mon existence, tout de la situation nouvellement créée et que Ségolène ne lui avait rien dit du fameux petit arrangement. Je pris sur moi et, essayant de garder mon calme devant celui qui était censé devenir un morceau de mon employeur, je me décidai à expliquer le plus fermement que je le pouvais : « Ségolène m'a assurée que vous étiez disposé à prendre en charge la moitié de mon salaire. » Il blêmit, se leva de son bureau et se mit à arpenter la pièce contenant mal ce qui commençait de ressembler à une grosse colère. Au bout de quelques minutes, il explosa : « Elle est folle, complètement folle ! Avec ses histoires, on va tous finir en prison. »

Inutile d'être perspicace pour comprendre que je ne serais jamais salariée par « Poitou 93 » : les responsables de l'association ne pouvaient visiblement plus se permettre le luxe d'un énième emploi de convenance, la manipulation ayant atteint ses limites. À leurs yeux, je risquais de devenir la goutte d'eau qui ferait déborder le marais poitevin ; mon contrat ne manquerait pas d'attirer l'attention d'un juge qui, nonobstant le fait qu'il ne ferait que son travail, serait trop content de s'attaquer à une personnalité politique de premier plan. Dans son refus, je compris qu'il imaginait un « Royalgate » l'engloutissant et, avec lui, « Poitou 93 », la Fédération du Parti socialiste des Deux-Sèvres, son élue, sa vie, son œuvre... La messe étant dite, je n'avais plus qu'une seule envie : déguerpir sans demander mon reste et encore moins le sien...

Lorsque, quelques jours plus tard, j'évoquai l'échec de ma démarche à Ségolène, elle n'en parut pas excessivement surprise. Sans doute savait-elle pertinemment dès le départ que sa « proposition » pouvait échouer mais, qui ne tente rien... Pas désarçonnée pour un sou – si j'ose dire – elle sortit illico une autre idée de son carré Hermès. Je serais déclarée auprès des services de l'Assemblée nationale comme une collaboratrice à mi-temps et elle me verserait le solde du salaire convenu « de la main à la main ». Cette rémunération, qui ressemblait à mes yeux à une rémunération au noir et que je ne réussissais même pas à concevoir venant d'elle, serait, me rassura-t-elle, provisoire. Elle serait sous peu en mesure de m'employer à temps plein.

Je compris que c'était une offre à prendre ou à laisser. Ségolène ne voyait d'ailleurs à cette situation pour le moins bancale que du positif : ça l'arrangeait elle et, moi, je paierais moins d'impôts. J'étais, pour ma part, beaucoup moins convaincue et j'additionnais plutôt les points négatifs, le tout premier d'entre eux tenant essentiellement, je dois l'avouer, au futur calcul de mes points de retraite. Surtout, je ressentais les titillements de ma conscience citoyenne que je découvris alors encore plus chatouilleuse que je ne le pensais. La fréquentation régulière de personnes en difficulté, l'abnégation de certains élus rencontrés et celle des bénévoles du milieu associatif avaient manifestement renforcé ce que mon éducation m'avait enseigné. Mon éthique citoyenne avait du mal à avaler la couleuvre...

Je dois hélas reconnaître que, cette fois encore, l'ascendant indéniable que Ségolène Royal exerçait sur moi réussit à lever mes doutes et mes scrupules. Puisqu'il s'agissait d'une solution provisoire, je m'assoupirais sur les menues considérations morales qui m'empoisonnaient l'esprit, je ne m'interrogerais pas sur la probable illégalité d'une partie de ma rémunération, je serais plus royaliste que Royal en signant ce contrat de salariée à mi-temps. C'était la condition *sine qua non* pour travailler avec cette élue qui me séduisait parce qu'elle était débordante de projets, animée de la volonté farouche de remuer et d'émanciper le département des Deux-Sèvres.

*

Je pris officiellement mes fonctions le 1er février 1996 par un acte symbolique dont je mesure encore aujourd'hui le caractère superficiel et puéril. Sur la porte du bureau qui me fut affecté figurait l'indication « conseiller général », une inscription que Ségolène me demanda instamment de féminiser. Cela semblait pour elle de la plus haute importance. Convaincue comme moi de l'égalité absolue entre hommes et femmes, elle n'avait pourtant rien d'une suffragette et considérait même volontiers comme une insulte de voir dans son appartenance à « la seconde moitié de l'humanité » la clé de sa réussite. La parité en politique était moins pour elle un engagement qu'une posture lui permettant, le cas échéant, de se débarrasser d'un rival trop dangereux ou qui n'aurait plus l'oreille des militants. Tout au long de notre collaboration, je ne l'ai jamais entendue se formaliser de ce que l'on puisse lui donner du « Madame le Député » plutôt que « Madame la Députée » ou du « Madame le Ministre » plutôt que « Madame la Ministre ». Elle goûtait fort peu cette exigence sémantique. En réalité, la consigne qu'elle me donna ce jour-là répondait principalement au seul plaisir d'agacer un peu plus le maire de La Mothe-Saint-Héray, cet homme de droite qu'elle avait classé dans la catégorie infamante des machos réactionnaires, un individu infréquentable auquel il convenait de faire la leçon.

*

Début février, je m'attelai à la réalisation de mon objectif qui était de donner une réalité à la communauté de communes, structure administrative dont elle revendiquait la paternité. Ce n'était pas une innovation majeure, la pratique étant courante depuis quelques années déjà. Il s'agissait de regrouper sous le même statut des communes géographiquement proches, souvent confrontées aux mêmes difficultés et désireuses d'entrer en synergie pour mener à bien et ensemble tous les projets irréalisables en solo. La plupart du temps, il s'agissait de bâtir une entité suffisamment solide pour faire le pendant, voire pour résister, à l'emprise tentaculaire d'une agglomération voisine. Ainsi, aucune communauté de ce type n'est viable si elle n'est fondée que sur des préoccupations pécuniaires et sous-estime le très fort sentiment d'appartenance à un « même pays ».

Pourtant, je constatai très vite et avec effarement que notre projet de communauté était un montage pour le moins... hétéroclite. On y trouvait pêle-mêle des villages de quelques centaines d'âmes, situés dans la grande banlieue de Niort, et des communes qui, à l'évidence, en constituaient elles déjà la banlieue. À l'évidence, le bon sens n'avait pas franchement présidé à la création de cette structure. J'avais du mal à comprendre la logique jusqu'au moment où je me décidai à ouvrir les yeux en affrontant les colorations politiques des membres de cet invraisemblable patchwork. Grâce à la démission du maire de Saint-Maixent, manifestement excédé par le comportement de l'élue qu'il jugeait autoritaire, Ségolène avait soigneusement désigné ses partenaires, excluant, sans autre forme de procès, les indignes et les affreux, c'est-à-dire tous ceux qui n'arboraient pas sa couleur politique, voire ses couleurs tout court.

Ainsi, un élu « de gauche » dont le « royalisme » était avéré voyait son chemin pavé de roses, des roses dont on avait ôté les épines afin de les dresser sur le chemin d'un élu « de droite ». Un élu « de gauche » qui se montrait trop soucieux de son indépendance et qui rechignait à l'idée de passer sous les fourches caudines de la déesse poitevine était, lui, condamné au purgatoire jusqu'à ce qu'il fasse amende honorable et donne satisfaction après stage probatoire. Les administrés étaient évidemment les premières victimes de cette mesquinerie politicienne. Le village de Bougon, qui, malgré son nom, figurait au nombre des communes « méritantes », voyait ses écoliers bénéficier d'un autobus qui les emmenait jusqu'à la piscine distante de plusieurs kilomètres.

En revanche, les écoliers d'Exoudun, une commune située à trois cents mètres de Bougon, en étaient privés car le maire était « de droite » et peu enclin, de surcroît, à faire des ronds de jambe. Qu'il vente, pleuve ou neige, jamais l'autocar de Bougon ne se serait arrêté pour faire monter les gamins d'Exoudun. Des guerres des boutons ont été déclenchées pour moins que ça...

La communauté de communes devenait le plus grand commun diviseur des populations et le bras séculier d'une justice politique qui punissait les élus mal-pensants, les citoyens mal-votants et leurs enfants. À la tête de cette structure, et ce fut pour moi un crève-cœur, se trouvait mon ancien employeur de l'association Ruravive, un homme qui, je l'apprendrai plus tard, s'était porté garant de mon intégrité politique auprès de ma patronne. Interrogé par Ségolène sur mes opinions, il lui avait, en effet, confirmé que j'étais bien « de gauche ». C'était là un bien grand mot...

Si j'avais travaillé pendant quelque temps en Bourgogne avec Jean-Pierre Soisson, alors qu'il était ministre d'ouverture de François Mitterrand, j'avais plutôt une sensibilité de centriste sociale. Plus jeune, j'avais été militante giscardienne, convaincue que Valéry Giscard d'Estaing était l'un des seuls hommes capables de décrisper la vie politique française et d'en finir avec l'interminable conflit qu'entretenaient, depuis 1958, la droite et la gauche. L'Union de la gauche qui avait fait florès dans les années soixante-dix n'avait jamais été ma tasse de thé. J'y voyais un mariage purement électoraliste, d'emblée voué à l'échec et le « Programme commun de gouvernement », que les diverses formations abandonnèrent finalement en 1978, me paraissait être un fatras de propositions surréalistes pour ne pas dire irréalistes. Néanmoins, mon goût prononcé pour les questions sociales et les problèmes du développement rural ainsi que mon sincère attachement aux valeurs républicaines, notamment à la solidarité et à la laïcité, me rangeaient du « bon côté ». La plupart de mes interlocuteurs considéraient que j'étais une « Française de progrès ». Il n'en avait pas fallu davantage pour obtenir « l'imprimatur » du collaborateur de Madame Royal et entraîner mon embauche à ses côtés. Dûment estampillée « à gauche », j'avais été admise dans son cénacle. Qu'importe l'étiquette, tant qu'on réalise des prouesses grâce à Ségolène. Il faut bien l'admettre, grâce à elle, j'avais de la « bravitude » à revendre pour servir les intérêts du Saint-Maixentais en particulier et des Deux-Sèvres en général.

CHAPITRE 2

Ségolène au quotidien

En dépit des difficultés rencontrées pour l'établissement de mon contrat, je fus passionnée par mon nouveau travail, m'efforçant d'oublier la face cachée, et furtivement découverte, de Ségolène. Il est vrai qu'elle savait admirablement dissimuler ce défaut de cuirasse en laissant aux autres, à ceux que je finirais par appeler ses « collaborateurs », le soin d'appliquer ses décisions. Elle faisait le plus souvent mine d'en ignorer tout, n'hésitant pas à monter sur ses grands chevaux si quelqu'un, victime de ses méthodes, venait se plaindre auprès d'elle. Mais, comme elle ne recevait que ses amis ou ceux qui pouvaient lui être utiles...

À ce stade, ce qui comptait pour moi, c'était que j'avais l'agréable sentiment de pouvoir travailler comme je l'entendais et je n'étais pas mécontente de la voir me déléguer une bonne partie de ses fonctions locales. J'y voyais une marque de confiance, gage de nos excellentes relations. En fait, c'est principalement son agenda surchargé qui lui dictait cette conduite et qui la poussait à se reposer sur ses collaborateurs et collaboratrices.

Car Ségolène Royal est un véritable bourreau de travail en ce sens qu'elle croule sous les engagements qu'elle se fait un scrupuleux devoir d'honorer. Ainsi, ses fréquentes visites dans sa circonscription étaient une succession ininterrompue d'inaugurations, de participations à des manifestations locales ou à des réunions d'associations. La plupart du temps, les journalistes de la presse quotidienne régionale – certains la surnomment aujourd'hui encore la « presse quotidienne royale » – étaient présents pour noter ses moindres faits et gestes et rapporter ses propos, fussent-ils une succession de platitudes bien tournées. La pose de la première pierre d'une maison de retraite n'est guère propice aux grandes envolées lyriques dignes de figurer dans une anthologie de l'éloquence parlementaire. Qu'importe, ce qui compte, c'est que l'article ou l'entrefilet soit publié, accompagné d'un cliché de Madame la Conseillère générale. Et cette coupure de presse, soigneusement archivée, se multipliera, le moment venu, en une myriade de bulletins de vote. Malheur au « localier » qui, grippé ou fatigué, n'aurait pas fait son devoir et négligé l'inauguration d'un bac à sable. Un coup de téléphone bien senti lui fera comprendre où est son intérêt. Libre à lui d'avoir des scrupules et de vouloir faire de « grands sujets ». Libre à elle de lui couper provisoirement l'accès aux informations et aux confidences dont il a besoin pour alimenter sa rubrique.

D'être ainsi constamment en représentation lui laissait peu de temps pour s'occuper du suivi concret des dossiers, qu'elle ne faisait que survoler quand elle en avait la possibilité. Ce qui n'arrivait jamais ou presque. Car Ségolène était le plus souvent dans l'incapacité absolue d'avoir un endroit pour s'isoler et travailler en paix lorsqu'elle passait dans les Deux-Sèvres. Elle ne disposait d'aucun studio sur place et encore moins d'un logement de fonction. François Mitterrand, quand il était sénateur, député ou conseiller général de la Nièvre, avait ses quartiers à l'*Hôtel du Vieux Morvan*, à Château-Chinon, où une chambre lui était réservée à l'année. C'est là qu'il se retirait, le soir, pour lire ou pour étudier un dossier un peu complexe, quand il ne retrouvait pas de vieux amis pour échanger les derniers potins locaux.

Ségolène n'aimant pas l'hôtel, elle préférait loger chez les militants. Pas par pingrerie. Elle pensait sincèrement que, de la sorte, elle gardait le contact avec la réalité et pouvait accroître son réseau d'influence. Elle s'imaginait être reçue à la bonne franquette car, le plus souvent, elle prévenait les intéressés au tout dernier moment. Ces militants, pour qui recevoir une élue qui avait été ministre et qui avait côtoyé François Mitterrand était un événement dont ils pourraient parler pendant des années, se mettaient en quatre pour l'accueillir et lui mitonner des petits plats. On sortait du placard le service des jours de fête, on allait chercher à la cave une bonne bouteille. Pour ne pas faire d'envieux, on conviait des voisins ou des camarades de parti. À l'arrivée, l'addition était plutôt salée pour des gens le plus souvent modestes. Mais de cela, Ségolène n'en avait pas la moindre idée. Elle s'imaginait que c'était l'ordinaire de ses hôtes et c'est tout juste si elle ne s'attribuait pas le mérite de l'apparente prospérité de sa circonscription où la poule au pot n'était pas réservée au dimanche seulement.

Et, honneur à celui qui la recevait trop bien ! Il aurait certainement droit à une nouvelle visite. Je me rappelle ainsi l'un de ses conseillers, un agriculteur membre de la Confédération paysanne, dont la table était réputée. Ségolène s'invitait naturellement et régulièrement chez lui, plutôt pour le dîner, en déclarant gourmande à chaque fois : « Tu ne fais pas grand-chose, juste un de tes excellents poulets fermiers. » L'homme rougissait systématiquement de plaisir. Le compliment qu'elle lui adressait valant manifestement davantage qu'un label de qualité décerné par un syndicat professionnel.

À cette époque, Ségolène n'aimait pas trop non plus s'embarrasser de bagages. Elle voyageait avec le strict minimum. Aussi, quand il faisait froid, elle n'hésitait pas à enfiler les charentaises du grand-père dès que celui-ci était monté se coucher. Et puis, elle profitait de ces agapes pour tenir réunion sur réunion. Après son départ, la maison ressemblait souvent à un véritable champ de bataille, mais elle, elle n'était pas peu fière d'assumer ce rôle d'élue de proximité.

Comme elle ne disposait pas de voiture et qu'elle ignorait visiblement qu'on peut en louer une auprès d'établissements spécialisés – c'est l'hypothèse basse que je préfère retenir –, un militant ou une militante était réquisitionné pour lui servir de chauffeur et la convoyer du matin jusqu'au soir. Sitôt mon contrat signé, c'est à moi qu'échut cette mission qui allongeait indéfiniment mes journées de travail « à mi-temps ». Avec deux problèmes supplémentaires à la clé. D'abord, et au début du moins, Ségolène semblait ignorer superbement qu'il est nécessaire de faire, de temps à autre, le plein d'essence et que les stations préposées à cet effet ne distribuent pas gratuitement le précieux liquide qui sort de leurs pompes, comme le font avec l'eau les fontaines Wallace de Paris. Il me faudra beaucoup de temps et de doigté pour l'avertir de cette mauvaise nouvelle et lui faire comprendre que je n'étais pas radicalement hostile au remboursement des frais supplémentaires occasionnés. Le second souci, c'était qu'elle estimait que mon véhicule était un lieu approprié pour travailler, y compris lorsque j'étais au volant. Tenir celui-ci d'une main ferme, surveiller la route et discuter des dossiers en cours lui paraissait être la chose la plus facile au monde. Elle aurait visiblement apprécié que je puisse noter ses suggestions tout en la conduisant de rendez-vous en réunions.

*

Bientôt, je me vis attelée à une tâche qui n'avait rien de très facile, mais qui me semblait compléter utilement les projets de la fameuse communauté de communes et devait apporter une dynamique au canton dont Ségolène était conseillère générale. Il s'agissait de créer une association regroupant l'ensemble des maires de la circonscription et destinée à promouvoir des actions spécifiques en faveur des éleveurs et des industriels laitiers qui avaient bien besoin de moderniser leurs installations et faire connaître leurs produits, d'authentiques produits du terroir – ceux-là mêmes qui sont à la mode aujourd'hui et que s'arrachent les bobos.

Baptisée « Comité d'expansion » – l'intitulé n'était pas d'une grande originalité –, cette structure aurait pour fonction première d'obtenir des collectivités territoriales, des différents ministères et de Bruxelles, aides et subventions diverses.

Dans mon esprit, je n'entendais pas me limiter aux seules activités relatives à la production de fromages de chèvre, tel le chabichou, promis à une grande notoriété médiatique. Pour bien connaître la région, même si mon installation y était relativement récente, je savais que les agriculteurs ne pouvaient plus vivre uniquement du produit de la terre et de l'élevage. Ils devaient diversifier leurs activités en jouant notamment la carte du tourisme vert et/ou industriel.

L'étude approfondie de plusieurs rapports sur la question m'avait convaincue qu'après avoir longtemps privilégié les vacances en bord de mer, plus particulièrement sur le pourtour méditerranéen, nos concitoyens avaient de plus en plus envie de redécouvrir leurs racines rurales et cette France profonde à laquelle il était de mauvais ton de s'intéresser durant les années quatre-vingt, sous peine de subir les lazzis de ses amis. Les délices de « notre safari au Kenya » ou de « notre chemin de Katmandou » étaient volontiers remplacées par la description gourmande et émerveillée d'un coin buccolique déniché dans le Quercy, le Lot, le Poitou ou les Vosges. Les gîtes ruraux commençaient à connaître une foudroyante expansion et les Deux-Sèvres me paraissaient disposer d'atouts prometteurs dans cette nouvelle quête de « terroirs authentiques où les gens sont formidables » : des fermes anciennes, le marais poitevin, un riche patrimoine historique avec notamment une multitude d'églises romanes, des traditions culinaires capables de satisfaire les plus fins gourmets...

Dès que j'évoquai mon projet à Ségolène, elle se montra enthousiaste. C'était exactement l'idée qu'elle avait en tête depuis longtemps et à laquelle elle n'avait jamais pu malheureusement, compte tenu de son emploi du temps trop chargé, se consacrer. D'une certaine manière, elle m'était reconnaissante d'avoir lu dans ses pensées. Elle me demanda de rédiger les statuts de ce comité d'expansion qui aurait la forme d'une association type loi de 1901.

Mon expérience de la vie associative me permit de concocter les statuts de cette association afin qu'ils soient acceptés rapidement et sans trop de difficultés par tous les élus susceptibles d'être intéressés. Pourtant, quand je montrai mon texte à Ségolène, elle dégaina aussitôt son stylo et supprima des parties entières en maugréant : « C'est de la folie, on n'a pas besoin de tout cela si l'on veut agir efficacement. »

Je ne tardai pas à réaliser mon erreur : j'avais prévu dans les statuts que les maires des communes concernées seraient vice-présidents de l'association dont Ségolène serait naturellement la présidente. Dans mon texte, chaque membre devait avoir le même pouvoir. Or, elle n'entendait pas déléguer et encore moins prendre le risque d'être mise en minorité. Elle préférait un texte succinct et suffisamment flou pour pouvoir l'utiliser à son gré. Corrigé par ses soins, le texte fut raccourci des trois quarts et, aujourd'hui encore, je ne parviens pas à m'expliquer comment les maires l'ont accepté. Certains ont bien manifesté quelques réticences, mais ils ont tous signé. Avec un petit sourire ironique, l'un d'entre eux, très fidèle à Ségolène, m'a simplement lancé : « Je signe vraiment parce que c'est elle, mais je n'ai jamais rien vu d'aussi antidémocratique. » Ces élus étaient donc prêts à abandonner une partie de leur « souveraineté » car ils estimaient au final que ce comité servirait les intérêts de leurs administrés. Malgré l'excès d'autoritarisme de Ségolène, j'étais satisfaite d'avoir réussi à les convaincre.

Le rapport intense au pouvoir qu'entretiennent de nombreux hommes et femmes politiques m'a toujours fait sourire. Ce sont un peu de grands enfants qui collectionnent les colifichets et se conduisent comme les hobereaux du temps jadis. Chez les vieux routiers du suffrage universel, c'était une attitude à ce point enracinée dans leurs habitudes qu'il était vain de tenter de les y faire renoncer. S'agissant de ma patronne, ce comportement d'autocrate capricieux me surprit. Je la croyais appartenir à une nouvelle génération de dirigeants politiques, plus ouverts et moins jaloux de leurs prérogatives. Elle était de la génération des « sabras », ces jeunes loups et louves venus au Parti socialiste après le congrès d'Épinay en 1971 qui rêvaient de secouer le joug pesant des dignitaires issus de la SFIO, ces grands barons de la social-démocratie qui régnaient sur leurs fédérations et leurs mairies comme autant de potentats dont les oukases avaient force de loi.

Mais il est vrai aussi que Ségolène Royal a appris la politique auprès d'un professeur redoutable, François Mitterrand, un homme qui n'avait pas une conception très collégiale du pouvoir. Il avait autour de lui quelques collaborateurs triés sur le volet et ceux-ci s'abstenaient de prendre la moindre initiative sans avoir obtenu au préalable son agrément par l'envoi de notes qui revenaient estampillées d'un « m'en parler », d'un « non » ou d'un « vu » qui avait valeur d'approbation même s'il lui arrivait de prétendre par la suite qu'on avait mal interprété sa pensée. Les véritables décisions étaient arrêtées en petit comité et étaient mises en œuvre par quelques personnes de confiance qui faisaient sentir à leurs interlocuteurs qu'elles seules étaient dans le secret et les petits papiers de « Dieu ». Le mentor de Ségolène n'était pas homme à se satisfaire d'un strapontin ou d'un simple maroquin, lui qui, sous la IVe République, avait exercé les plus hautes fonctions, à l'exception de la présidence du Conseil. Sous la Ve, jusqu'en 1981, il était resté dans une opposition altière et intransigeante, préférant être le leader, plus ou moins contesté, de l'opposition, plutôt que de connaître à nouveau les honneurs mais à un niveau qu'il jugeait indigne de sa valeur. C'était surtout une formidable bête de pouvoir, qu'il exerçait dans toute sa plénitude et avec délectation. Il s'était donné pour mission de durer et d'inscrire son nom dans l'Histoire, il était peu regardant sur les moyens utilisés pour parvenir à ce résultat.

À ses côtés, Ségolène s'était montrée bonne élève et elle avait tout fait pour lui ressembler car il était pour elle un modèle envers lequel elle se garderait toujours de revendiquer le moindre droit d'inventaire. Depuis longtemps, elle marche sur ses traces, s'est approprié ses qualités et ses défauts, et cette fidélité a quelque chose de touchant... Pourtant, elle ne lui ressemble pas en tout. François Mitterrand avait des opinions plus que des convictions et les désaccords idéologiques ne constituaient pas pour lui un obstacle à l'amitié. Ses proches amis étaient loin d'être tous de gauche et socialistes, et il se défiait instinctivement de certains de ses camarades qui avaient les yeux rivés sur la ligne du Parti et qui excommuniaient à tour de bras hérétiques et mal-pensants. Il trouvait plus de plaisir et d'enrichissement dans le commerce d'un Pierre Guillain de Bénouville, d'un Maurice Faure ou d'un Jacques Chaban-Delmas, pour les plus recommandables, ou d'un René Bousquet, pour les plus sulfureux, que dans la fréquentation d'un Jean-Pierre Chevènement ou d'un Pierre Joxe, gardiens sourcilleux du dogme, y compris contre celui qui édictait son contenu fluctuant. Fréquenter des élus qui n'étaient pas de son bord et prêter une oreille attentive à leurs doléances, voire les satisfaire, était un art dans lequel il excellait. Je l'ai déjà dit, Ségolène ne m'a jamais semblé orfèvre en la matière et, de fait, je n'étais pas mécontente d'avoir réussi à monter ce comité d'expansion où elle serait obligée, par la force des choses, de siéger à côté de ses opposants. Ce serait pour elle s'aventurer sur des chemins inconnus. J'étais persuadée qu'elle saurait en faire son miel. Cette cohabitation forcée à l'échelon local atténuerait sans nul doute certaines aspérités de son caractère et lui permettrait d'avoir une approche plus nuancée des joutes politiques. À trop espérer, on finit par se convaincre soi-même...

*

Après les statuts, je devais encore boucler le dossier de financement qui serait soumis à la Délégation de l'aménagement du territoire (Datar), dans le but d'obtenir des subventions de l'État et de Bruxelles indispensables au fonctionnement du comité d'expansion. En quelques semaines, je n'ignorais plus rien des filières laitière et fromagère et de leurs difficultés. Je rencontrais éleveurs et représentants des différents syndicats agricoles. Ces hommes ne ménagèrent pas leurs efforts pour me fournir l'énorme masse de renseignements que je leur demandais et pour m'expliquer patiemment leurs attentes et leurs espérances.

Si Ségolène souhaitait, sincèrement, le développement de sa région d'adoption, elle était trop occupée pour suivre au jour le jour l'élaboration des dossiers et leur progression. Elle me laissait travailler librement et elle était, hélas, difficilement joignable lorsque j'avais besoin de son avis ou de son aval pour prendre une décision d'ordre politique. Chaque semaine, elle profitait de sa tournée des popotes électorales pour se faire convoyer par mes soins en écoutant le compte rendu fidèle de mes activités. Et elle ne manquait jamais de me féliciter, projetant déjà son succès dans l'avenir.

En somme, tout se passait bien sauf... à la fin de chaque mois, car je devais lui réclamer le complément de salaire qu'elle s'était engagée à me verser de la main à la main. Je me retrouvais transformée en mendiante sollicitant d'une bonne âme le secours financier dont elle a besoin pour nourrir les siens. C'était là une démarche profondément humiliante, dont je me serais volontiers passée car elle me faisait sentir la précarité de mon statut et ma totale dépendance à l'égard de ma « demi-employeuse ». Et, à chaque fois, Ségolène Royal semblait presque étonnée de me voir exiger mon dû, même si j'y mettais certaines formes. Comme le dit l'adage latin, *« de minimis praetor non curat »*. C'étaient là des détails insignifiants dont elle n'avait pas la moindre idée. Très vite, je découvris qu'elle entretenait des rapports plutôt singuliers avec l'argent. Toujours à la manière de son mentor, François Mitterrand, elle n'avait jamais de liquide sur elle. À quoi bon d'ailleurs puisqu'elle logeait chez les militants qui lui assuraient le gîte et le couvert et que j'étais là pour la conduire d'un endroit à l'autre avec ma modeste voiture ?

Parfois, avant de repartir pour Paris, elle m'invitait à boire un verre au buffet de la gare. Comme deux amies de longue date, nous discutions autour d'un Perrier jusqu'au moment où, s'apercevant que l'heure avait tourné et qu'elle risquait de manquer son train, elle se levait précipitamment, me faisait « au revoir » avec un petit signe de la main et... me laissait régler l'addition. Avarice ou négligence, il m'est impossible de répondre. Habituée à être prise en charge vingt-quatre heures sur vingt-quatre, Ségolène ignorait les réalités de l'existence et se comportait comme si elle n'entendait rien aux questions d'argent. D'ailleurs, l'idée que notre comité d'expansion puisse disposer d'un budget de fonctionnement, même modeste, pour payer les timbres, les photocopies, l'essence ou les péages d'autoroutes ne lui a jamais effleuré l'esprit. Mais, l'expansion, c'est bien connu, génère la richesse et celle-ci ne manquerait pas, en temps voulu, d'opérer ce miracle qui a pour nom « remboursement des frais engagés ». C'est certainement ce que pensait ma bienfaitrice...

Un jour, un tantinet excédée d'avoir dû, une fois de plus, réclamer mon salaire, je m'enhardis à lui suggérer que les choses seraient infiniment plus faciles si elle tenait sa promesse de régulariser ma situation. Elle me regarda comme si j'avais formulé une incongruité et me proposa aussitôt de travailler moins, de prendre quelques jours de congés, d'aménager mon temps de travail quoi... Elle ne semblait pas se rendre compte qu'on ne peut pas régler son boucher ou son boulanger en jours de vacances non rémunérés.

Je dois admettre qu'aujourd'hui, lorsque je l'entends évoquer avec une infinie compassion la baisse du niveau de vie de nos concitoyens et les difficultés financières auxquelles ils sont confrontés, j'ai beaucoup de mal à en croire mes oreilles. Une chose est sûre :

ce n'est pas la Ségolène que j'ai côtoyée il y a quelques années qui parle ainsi. Pour moi, cette responsable politique vit sur une autre planète ou, plutôt, sur plusieurs planètes à la fois, passant de l'une à l'autre avec une habileté déconcertante, en s'adaptant à toutes les situations pour autant qu'elle y trouve son intérêt. Ségolène Royal possède ainsi une étonnante capacité de dédoublement qui m'a longtemps sidérée.

La première fois que je me suis aperçue de cette faculté, c'était à l'occasion d'un déjeuner avec l'un des principaux industriels de la région. Il était vital pour la survie de son usine et du canton que ce patron d'un grand groupe laitier procède à la mise aux normes de son outil de production. Il n'y était pas opposé à condition qu'il obtienne des subventions européennes, ce que lui avait promis Ségolène Royal dans le cadre des activités du comité d'expansion.

Mais, pour décrocher cette manne et éviter la mise au chômage de dizaines d'ouvriers, il nous fallait monter un dossier et, donc, disposer d'informations sur son entreprise et ses méthodes de gestion. Pour qui connaît le monde fermé du patronat, c'était aussi simple que d'obtenir du ministère des Armées un dossier classé « secret défense ». Mais il en fallait plus pour décourager Ségolène, persuadée qu'elle pourrait faire le bonheur de l'intéressé, y compris contre son gré. Elle me demanda de lui téléphoner et de l'informer que je me rendrais dans ses bureaux pour éplucher ses dossiers.

Je n'ignorais pas que ce chef d'entreprise était réputé pour son paternalisme désuet, son obstination à tout diriger en personne et pour sa façon de considérer toute intervention d'un « étranger » dans ses affaires, fût-elle la plus minime, comme un *casus belli.* Dire qu'il était jaloux à l'extrême de ses prérogatives serait un euphémisme. C'était un patron de droit divin qui n'avait de comptes à rendre à personne et si le Créateur s'était avisé de lui en demander, il l'aurait sèchement remis à sa place, lui expliquant qu'un dieu avait bien d'autres chats à fouetter.

Il était difficile de faire comprendre cela à Ségolène dont les consignes devaient être suivies à la lettre par ses collaborateurs. Je me suis donc exécutée et, évidemment, l'accueil que me réserva mon interlocuteur fut celui que je redoutais. Le simple fait de lui annoncer que je travaillais pour Ségolène Royal me valut une réponse cinglante : « Quelle drôle d'idée ! Vous êtes sans nul doute une Parisienne venue dans ses bagages. Pourquoi voulez-vous que je perde mon temps avec quelqu'un qui n'a jamais vu une chèvre de sa vie et qui ignore tout de notre filière ? Cela fait cinquante ans que je dirige cette entreprise, je n'ai pas attendu les conseils de Ségolène Royal ! Sait-elle au moins ce qu'est une entreprise ? »

Il n'était pas tendre, mais n'avait pas tout à fait tort. Je n'avais pas la prétention de pouvoir assimiler les rouages de cette filière si facilement et, d'une certaine façon, nous faisions de l'ingérence. Comment le faire comprendre à Ségolène ? Lorsque je lui fis mon rapport, elle me reprocha de ne pas avoir su m'y prendre et m'ordonna sur-le-champ de lui organiser un déjeuner avec ce patron récalcitrant, un repas de travail qui devait être pris dans l'un des meilleurs restaurants de la région. Heureusement que sainte Ségolène était là pour combler mes lacunes relationnelles ! Comme exigé, j'organisai ce rendez-vous, en espérant secrètement que, le jour dit, ma patronne n'oublierait pas son carnet de chèques ou sa carte de crédit.

Sitôt arrivée sur place, Ségolène Royal déploya toute l'étendue de son charme pour séduire son invité. C'était un monsieur qui avait dépassé l'âge de la retraite depuis quelques années et qui fut littéralement comblé par les multiples attentions qu'elle lui prodigua. La température de la pièce pas trop élevée, la teneur en gras de plats réduite pour son cholestérol, ses rhumatismes... Rarement, j'ai assisté à un tel concentré de sollicitude ! Notre homme lui-même n'en revenait pas d'être traité avec autant de prévenance. Elle se comportait comme une fille attentionnée veillant sur un père à la santé déclinante. Il croyait avoir affaire à Louise Michel, la communarde, l'égérie de Jean-Baptiste Clément, l'auteur du *Temps des cerises*, il découvrait la descendante de George Sand, la bonne châtelaine de Nohan, ou une petite fille modèle, tout droit sortie d'un livre de la comtesse de Ségur. Ségolène se montra comme une jeune femme à l'écoute, capable, entre deux bouchées, d'admettre qu'elle n'ignorait pas les difficultés auxquelles étaient confrontés les dirigeants des petites et moyennes entreprises ; loin d'elle l'idée de les tenir pour des oppresseurs contre lesquels devait s'exercer la vengeance du peuple souverain. Au dessert, notre patron de droit divin était définitivement conquis et prêt à lui fournir toutes les informations dont elle avait prétendu avoir besoin et dont elle minimisait désormais l'utilité. Par la suite, il ne cessa de se répandre en propos élogieux à son égard, au point que ses proches pensèrent qu'il avait adhéré au PS, un changement d'orientation qui lui valut quelques moqueries auprès de ses pairs.

Ségolène m'avait utilisée comme un hameçon destiné à ferrer le poisson. Elle n'ignorait certainement pas que je me heurterais à un mur, mais cela ne l'avait pas empêchée de me laisser aller au charbon pour essuyer une cuisante rebuffade, à charge pour elle ensuite de jouer à la raccommodeuse de vaisselle cassée en usant de son charme. J'avais beau être furieuse de m'apercevoir qu'elle s'était servie de moi, je prenais une excellente leçon de politique : Ségolène avait expérimenté sur son interlocuteur ce qu'elle avait déjà expérimenté sur moi, son indéniable pouvoir de séduction. C'est son arme secrète, sa « botte de Niort ». Si elle a des opinions solidement arrêtées, elle sait qu'elle se fera élire malgré elles et non pour elles. On vote moins pour le Parti socialiste que pour Ségolène, une jeune femme dont le charisme indéniable emporte l'adhésion. Elle a une immense capacité d'adaptation aux milieux et aux individus les plus divers et peut modeler son comportement en fonction de ses intérêts à moyen et long terme. Dans la même journée, elle peut jouer à la femme d'autorité, à la fausse ingénue ou à la petite fille en quête d'appui. Et, chaque fois, elle incarne son personnage avec un talent exceptionnel. Elle ne néglige aucun détail. Surtout pas d'ordre vestimentaire...

Tous ceux qui ont travaillé à ses côtés, vous le diront : Madame Royal a un véritable flair pour porter la tenue qui sera appréciée dans telle localité et celle qui sera favorablement commentée dans une autre. De même, lorsqu'elle venait visiter son canton, elle n'ignorait pas que les canons de la mode varient sensiblement entre Paris et les Deux-Sèvres et elle choisissait avec beaucoup de soin ses tenues. À défaut de changer le monde, elle se changeait beaucoup et finissait par donner le change.

Avec un tel comportement, je me rendis compte qu'il était bien difficile de percer sa véritable personnalité et de deviner ce qu'elle pensait réellement. Je commençai à m'interroger : Avait-elle essentiellement bâti sa carrière sur son pouvoir de séduction et sur les promesses dont elle gratifiait si généreusement ses nombreux interlocuteurs ?

Par certains aspects, Ségolène me faisait penser à ces patriciens de l'Antiquité romaine dont l'influence et le prestige se mesuraient à la taille de leur « clientèle » qui, chaque matin, se pressait dans l'atrium pour quémander un service ou une aumône. Ma patronne avait une foule d'obligés qui étaient autant ses débiteurs que ses créanciers. Les rapports qu'elle entretenait avec eux étaient éminemment fragiles et il fallait constamment veiller à ce que les fondations de ce curieux édifice ne s'écroulent pas. C'était la mission impartie à ses différents collaborateurs et collaboratrices, en plus des charges de travail, déjà fort lourdes, qui étaient les leurs. Et s'ils acceptaient sans rechigner ce surcroît d'activité, c'est parce qu'ils avaient succombé à son charisme et acceptaient volontiers d'être infantilisés. Ces gentils enfants se dévouaient corps et âme pour une divinité mère, généreuse en apparence, mais qui n'hésitait pas à se transformer en marâtre lorsque le résultat n'était pas à la hauteur de ses espérances. Sans m'en rendre compte, je participais à ce jeu dangereux et pervers...

Dès la fin du mois de janvier 1996, Ségolène Royal rendit publique la création du comité d'expansion en médiatisant une opération qui n'était pourtant encore qu'une coquille vide. Mais il est vrai que le dossier était suffisamment avancé pour que nous ayons bon espoir d'obtenir des subventions rapidement, du moins selon les critères en vigueur dans l'administration. Comme le disait judicieusement Edgar Faure – ce fut d'ailleurs la citation qu'il donna au premier volume de ses passionnantes *Mémoires* –, « c'est un grand tort que d'avoir toujours raison et c'est aussi une faute insigne que d'obtenir son dû sans avoir au préalable sollicité l'intervention indispensable et efficace d'un ami bien placé ». Car Ségolène entendait bien démontrer que c'était grâce à ses relations que le comité d'expansion bénéficierait bientôt de soutiens financiers pour son budget.

J'avais oublié cette règle essentielle du jeu politique qu'elle prit grand soin de me rappeler à sa manière, en me suggérant – en fait il s'agissait d'un ordre – d'appeler l'un de ses amis, un camarade de promo de l'ENA. Ce monsieur était alors conseiller technique à la Datar, la Délégation à l'aménagement du territoire et à l'action régionale. Elle me confia, comme s'il s'agissait d'un exploit personnel qu'il convenait de ne pas trop ébruiter : « Téléphonez-lui de ma part, c'est un ami. Il m'a juré ses grands dieux qu'il débloquerait pour le comité un million deux cent mille francs. »

Je fus estomaquée par sa demande. C'était la première fois qu'un élu m'imposait une telle procédure. Dans ce domaine, d'ordinaire, les choses sont soigneusement balisées. Les dossiers empruntent toujours une voie hiérarchique très précise respectant dans l'ordre les instances départementales, régionales et nationales où, à chaque échelon, ils sont étudiés par les administrations *ad hoc* au sein desquelles des ronds-de-cuir, qui auraient fait le bonheur d'un Courteline, les épluchent avec la sage lenteur qui doit présider à la judicieuse utilisation des deniers publics. Court-circuiter ce système, c'est s'exposer à de possibles représailles de leur part car ces fonctionnaires n'aiment pas, pour de bonnes ou de mauvaises raisons, que des étrangers viennent piétiner leurs plates-bandes. Il faut donc ménager leur susceptibilité et tenir compte de leur avis. De plus, cette circulation des dossiers, si elle a le défaut de ralentir la prise de décision, permet la mise en place d'une véritable concertation entre tous les acteurs du projet et les institutions. Énarque, Ségolène n'ignore rien de ces subtilités administratives et si, au lieu de faire de la politique, elle avait été administratrice civile ou chargée de mission dans un tel organisme, elle n'aurait pas manqué de faire observer scrupuleusement toutes les règles de la procédure. Apparemment, elle considérait que son mandat d'élue du peuple l'autorisait à brûler toutes les étapes, selon elle, de véritables pièges placés sous ses pieds par des esprits mal intentionnés. En somme, rien ne remplaçait le recours à un ancien camarade de promo.

Comme j'avais désormais compris qu'il était inutile de faire part de mes objections à Ségolène, j'appelai l'ami en question qui se montra affable, mais ferme. Ségolène l'avait effectivement informé de l'existence du comité d'expansion, et il avait jugé cette idée excellente. Il était prêt à nous aider en validant notre dossier pour l'obtention des subventions. Mais, première déconvenue, il ne s'agissait pas d'un million deux cent mille francs, mais d'un million de francs. Je n'allais pas chipoter ni me livrer à un sordide marchandage, Ségolène avait dû se tromper, mal comprendre. De toute façon, cette somme permettrait de lancer nos premières réalisations et c'était le plus important. Seconde déconvenue, plus ennuyeuse, l'ami en question m'informa que l'octroi de cette subvention était conditionné à la création d'emplois. C'est d'ailleurs l'une des missions essentielles de la Datar qui n'est pas la Semeuse républicaine déversant aux quatre vents les pièces contenues dans sa besace. Or, Ségolène, tout comme moi, savions que notre projet visait non pas à créer des emplois mais à sauvegarder ceux déjà existants, ce qui était en soi loin d'être gagné. Je décidai de ne pas m'étendre sur ce « détail » et précisai à mon interlocuteur que c'était bien l'esprit qui nous animait. L'espace d'un gros mensonge, j'étais transformée en chef d'entreprise japonais annonçant la prochaine ouverture d'une usine de fabrication de saké dans les Deux-Sèvres.

Quand je rendis compte à Ségolène de ma conversation avec son ami, elle réagit immédiatement : Il voulait de la création d'emplois, il allait en avoir ! Du moins sur le papier grâce à un concept particulièrement judicieux : la « préservation créatrice d'emplois ». Il suffisait, me dit-elle, d'ajouter quelques pages bien troussées au dossier en brodant sur le thème de la revitalisation d'un bassin d'emplois virtuels dont nul n'avait soupçonné jusqu'ici la viabilité. Ainsi ficelé, le dossier fut envoyé à la Datar. Ségolène était ravie. Elle avait brûlé les étapes, son passe-temps favori. Et d'ailleurs, elle procédera de la même façon pour présenter le dossier à Bruxelles. Normalement, il aurait suffi de l'envoyer, par les canaux habituels, aux services compétents de la Commission européenne. Mais c'eût été d'une banalité affligeante. Aussi Ségolène ne manqua-t-elle pas de faire savoir qu'elle se rendrait en personne en Belgique pour présenter le dossier du comité d'expansion. Lors de nos communications téléphoniques, elle me disait : « Je vais chercher de l'argent à Bruxelles. » Je l'imaginais pourtant mal revenir avec une valise pleine de billets ! Mais ce sont là des détails dont elle n'avait cure et qui gênaient la médiatisation de son action. Il fallait qu'on les ignore pour laisser croire que rien ne se ferait si elle n'effectuait pas en personne le déplacement. De la sorte, ses administrés seraient définitivement persuadés que c'était à son opiniâtreté et à son obstination, et à elles seules, que leur territoire devait ce pactole.

*

C'est au cours de cette période que je fis la connaissance de mes collègues, Francine et Claude, deux femmes qui travaillaient à la permanence de la députée Royal à Melle. Dès notre première rencontre, je constatai qu'elles vouaient un véritable culte à Ségolène. Elle pouvait tout exiger de ces deux femmes, particulièrement compétentes. Taillables et corvéables à merci, elles ne ménageaient pas leur peine pour éviter de la décevoir. Ayant appris peu à peu à les connaître et à apprécier leur extraordinaire disponibilité ainsi que leur sens aigu de la solidarité, je les plaignais intérieurement d'entretenir avec leur patronne des liens aussi forts et aussi prenants. J'étais bien mal placée pour plaindre leur triste sort. Je ne faisais pas mieux et, sans en avoir conscience, j'étais moi-même véritablement prisonnière de l'aura de Ségolène. La fascination qu'elle exerçait sur moi me faisait perdre tout sens critique. Alors que j'avais la réputation d'avoir plutôt les pieds sur terre, je continuais à ne pas me manifester pour obtenir la régularisation de ma situation toujours aussi bancale, un règlement qui était constamment reporté aux calendes grecques. Et je n'osais pas mettre à profit certaines situations pour plaider ma cause et la placer face à ses contradictions.

Je me souviens ainsi d'avoir assisté à une rencontre qu'elle eut avec les délégués du personnel d'une usine qui avait modifié son système d'assurances et de prestations sociales, de telle sorte que les salaires s'étaient retrouvés, légalement, amputés de cent francs. Ils étaient venus me trouver et je leur avais organisé un rendez-vous avec Ségolène, dont la fibre ouvriériste s'était aussitôt réveillée. Elle les avait écoutés avec attention et m'avait ensuite asséné, avec une sincérité déconcertante : « Vous imaginez, Évelyne, le drame que vivent ces pauvres gens. Ils ne sont pas sûrs de pouvoir boucler leurs fins de mois. C'est terrible de subir pareille injustice. » Ce jour-là, je n'ai même pas songé une seconde à lui faire remarquer, en y mettant les formes requises, qu'il ne s'agissait pas d'un cas isolé et que, dans son entourage même, certains tiraient le diable par la queue pour obtenir le paiement de leurs salaires non déclarés. Elle aurait probablement levé les yeux au ciel et exigé de moi que, toutes affaires cessantes, je mette un terme à cette injustice dont je lui parlais. Et le pire, c'est qu'en me disant cela, elle aurait été de la plus parfaite bonne foi.

Cette sorte d'aveuglement, qui dissimule, je pense, une bonne dose d'insouciance, était si touchante qu'on avait tendance à passer l'éponge sur le peu de cas qu'elle faisait de la réalité et même à chercher comment la protéger efficacement d'elle-même. Ce sentiment de responsabilité à son égard que nous endossions sur nos frêles épaules avait quelque chose de gratifiant et de valorisant. Nous avions la certitude qu'elle serait perdue sans nous et que nous devions l'aider afin qu'elle puisse continuer à œuvrer efficacement pour nos concitoyens. Et puis, nous étions tellement passionnées par notre travail que ces formalités administratives nous paraissaient le plus souvent dérisoires.

Chapitre 3

Quand le portrait de la Madone se fissure

Nous étions au téléphone et, pour la première fois, Ségolène me parlait d'un ton cassant, quasiment méprisant. Selon l'expression consacrée, elle me passait un savon, au motif que ma maladresse, pour ne pas dire mon incompétence, risquait fort de priver notre fameux comité d'expansion de la manne européenne. Elle s'était rendue à Bruxelles en toute confiance, assurée de pouvoir étudier avant son départ le dossier contenant l'ensemble des pièces qu'elle devait soumettre à ses interlocuteurs. Or, elle ne l'avait pas reçu suffisamment tôt parce que j'avais omis de l'envoyer à temps. Dans la foulée de ses récriminations, elle me narrait par le menu la journée épouvantable qu'elle avait passée, coincée, la plupart du temps, dans les embouteillages provoqués par les gigantesques travaux de rénovation de la capitale belge.

Je mourais d'envie de lui répliquer que je n'étais responsable en rien des difficultés de circulation à Bruxelles, un domaine excédant de très loin mes compétences, si tant est que j'en aie encore, compte tenu des doutes qu'elle émettait à ce sujet. J'étais d'autant plus agacée que j'avais devant les yeux le reçu de la poste prouvant que je lui avais bien fait parvenir à temps le fameux dossier. J'avais même avancé sur mes deniers personnels les frais d'envoi du Chronopost car je ne disposais toujours pas de réserves me permettant de pourvoir aux besoins urgents.

Je préférai néanmoins laisser passer l'orage. Pour la première fois, je venais de faire les frais de son interprétation personnelle du divertissement pascalien. Car – je l'apprendrai ultérieurement – je n'avais en rien mérité son courroux, mais Ségolène était en « représentation publique ». En effet, lors de ce fameux coup de téléphone passé depuis son portable, elle se trouvait dans le TGV en compagnie de Jacques Delors, auquel elle voue une très grande admiration. Animatrice du club Témoin, créé pour soutenir la candidature à la présidentielle en 1995 de l'ancien ministre des Finances de François Mitterrand, elle estimait qu'il était le seul homme de gauche capable de l'emporter contre Jacques Chirac et de redonner un nouveau souffle au PS. Elle ne cachait pas déjà à cette époque le mépris relatif que lui inspiraient les autres prétendants, allant jusqu'à déclarer alors, en visant notamment Michel Rocard, au lendemain de sa cuisante déroute aux élections européennes : « Le PS est-il trop malade pour se refaire une santé ? Ou bien pourra-t-il rebâtir la gauche autour de lui ? Le débat ne doit pas être esquivé. Aux dernières élections, il est arrivé que l'on préfère des candidats n'ayant aucune chance mais qui appartenaient au "bon" courant, à des candidats nouveaux qui pouvaient gagner. À ce point de sclérose, la tentation groupusculaire n'est pas loin. » Le refus de Jacques Delors de s'engager dans la joute électorale l'avait peinée et elle avait refusé de choisir entre les deux candidats à la candidature, Lionel Jospin et Henri Emmanuelli, avertissant les militants : « Deux trains sont lancés l'un contre l'autre. Écartez-vous des voies. » On comprend mieux pourquoi dix années plus tard, le retraité de l'île de Ré a tout fait pour empêcher la désignation de la Dame du Poitou comme candidate socialiste à l'élection présidentielle de 2007...

Le forfait de Jacques Delors n'empêcha pas Ségolène de continuer à l'admirer, à charge pour lui de la prendre au sérieux et de considérer qu'elle était digne d'occuper des responsabilités au plus haut niveau. Sans doute avait-elle voulu déclencher chez son compagnon de voyage une réflexion admirative en lui exposant ses difficultés d'élue de terrain. Entourée de maladroits et d'incompétents, elle était obligée de veiller au moindre détail et de réparer les erreurs commises dans son dos. De quoi éventuellement susciter les encouragements de son interlocuteur et quelques sagaces conseils sur la manière dont elle devrait diriger son équipe. Elle avait, je le suppose, choisi de s'affirmer de la sorte devant son mentor.

Elle me raccrocha donc quasiment au nez et je m'attendais à ce que sa prochaine visite dans les Deux-Sèvres ne soit pas pour moi une véritable partie de plaisir. Je me trompais lourdement. Vingt minutes plus tard, le téléphone sonna à nouveau. C'était Ségolène qui, cette fois, minaudait et bafouillait quelques excuses embarrassées. Elle regrettait de s'être emportée et m'embrassait. Il n'était plus question du fameux Chronopost. Elle me donnait l'impression de se conduire comme une petite fille prise en faute qui cherchait à se faire pardonner. Du grand art ! Et, je tombai dans le panneau.

J'aurai d'ailleurs l'occasion de constater qu'elle utilise volontiers cette « stratégie » pour désarmer ses adversaires. Et elle sait merveilleusement dissimuler cette tendance « colérique » en endossant, parfois inconsciemment, le rôle de la faible créature égarée dans un univers impitoyable d'hommes tous plus machistes les uns que les autres. Elle est parfois une sorte de saint Sébastien criblé de flèches auquel le sens de l'honneur ordonne qu'on le délivre de ses bourreaux. Cela lui permet d'esquiver certains coups bas ou de placer ses adversaires en position de faiblesse. S'ils la critiquent, ce n'est pas parce qu'elle a tort ou parce qu'ils ont une autre vision de la société. Non, elle est, en tant que femme, en tant que mère, en tant que Ségolène, la victime d'odieuses machinations qu'on épargne à ses rivaux. Cette posture victimaire ne se traduit pas exclusivement chez elle par « des cris et des larmes ». Elle en joue pour éluder toutes les questions embarrassantes. Ainsi, lorsque le journaliste du *New York Times Magazine* James Straub tenta de l'interroger sur sa vision du terrorisme et de l'Irak en mai 2006, elle lui rétorqua : « Vous poseriez cette question si j'étais un homme ? » Ses partisans ont crié au coup de génie et nul ne s'est avisé de remarquer que l'interrogation n'avait rien de machiste, ni de loin, ni de près. Afin d'éviter toute polémique – certains diraient toute position claire –, Ségolène s'est réfugiée dans une esquive en forme de plainte. De ce point de vue, elle ressemble un peu à l'ancien président du Conseil israélien, Lévy Eshkol, dont la manie de la conciliation était si forte que, selon la légende, quand on lui demandait s'il voulait du café ou du thé, il répondait invariablement et aimablement : « Moitié moitié. »

*

Encore sincèrement attachée à elle, je préférai mettre son « coup de sang » sur le compte de la fatigue et de son activisme intempestif. Je refusais toujours de croire que la part d'ombre de cette femme était susceptible d'éteindre toutes les lumières de son tempérament qui m'avaient tant attirée chez elle. Un nouvel « incident » n'allait pas tarder à l'enfoncer un peu plus dans les ténèbres...

C'était lors du voyage dans les Deux-Sèvres de Jacques Chirac au printemps 1996. Le soir, comme le voulait l'usage, le président de la République avait convié à dîner à la préfecture les principales personnalités politiques du département, toutes tendances confondues. Ségolène était donc là et avait été placée à la gauche du chef de l'État, avec lequel elle dialogua plutôt cordialement. Jacques Chirac, j'en suis sûre, prenait grand soin de ne pas aborder les sujets qui fâchent. Sans doute charmeur, il lui débita quelques platitudes joliment tournées sur les Deux-Sèvres et plaisanta Ségolène à propos de sa prédilection pour le chabichou, son fameux fromage de chèvre. Ancien élu rural et ancien ministre, très populaire, de l'Agriculture, Jacques Chirac est à l'aise dès qu'il peut délaisser les dossiers compliqués pour parler de choses simples, de la vraie vie, avec de vraies gens. Au cours du repas, un huissier informa Ségolène qu'on la demandait d'urgence au téléphone. Son fils, âgé de six ans à l'époque, venait d'être hospitalisé probablement pour une crise d'appendicite.

Témoin de la conversation, Chirac lui proposa, sur-le-champ, de mettre à sa disposition son avion afin de regagner la capitale. De cette façon, elle pourrait passer la nuit auprès de son fils. On peut être en désaccord politique avec lui, mais force est de constater que Jacques Chirac est capable de se montrer très attentionné. Certains drames personnels, pudiquement cachés, l'ont familiarisé avec la souffrance d'un être cher et il est toujours prêt à remuer ciel et terre pour venir en aide à quelqu'un qu'il sait dans l'embarras. Ce jour-là, il a réagi spontanément. Or, Ségolène Royal déclina poliment la proposition qui lui était faite. Elle préféra solliciter un militant pour la conduire en voiture à Paris, afin de se rendre à l'hôpital pour constater l'état de santé de son fils. Ils firent l'aller-retour dans la nuit car elle devait impérativement être à

Niort le lendemain midi pour une conférence de presse sur la venue du président de la République, justement. Ce comportement m'avait intriguée et, à son retour, je me permis de l'interroger à ce sujet. Elle me répondit très tranquillement : « Il était hors de question d'accepter quoi que ce soit de Jacques Chirac. Je tiens à rester libre de mes propos envers lui. » De fait, lors de la conférence de presse, elle avait durement, très durement, commenté la visite du président de la République dans les Deux-Sèvres.

En tant que mère de famille, j'avoue avoir été déstabilisée par sa réaction, contraire à mes principes d'éducation. J'ai le sentiment que, par simple calcul politique et posture idéologique, elle avait préféré rejeter l'aide, pourtant désintéressée, d'un « ennemi ». Quitte à « sacrifier » une bonne partie de son temps de présence auprès d'un enfant malade...

C'est parce que je la croyais différente de ces hommes politiques qui ne vivent que pour leur carrière que j'avais décidé de travailler avec elle. J'avais de Ségolène Royal l'image d'une femme soucieuse de ses contemporains, proche des gens, mais également très investie auprès de sa famille. Elle affichait en outre une modestie de bon aloi que d'autres auraient appelée « respect ». Elle me paraissait humaine, profondément humaine, et socialiste moins par ambition que par conviction sincère. À mes yeux, la politique était pour elle comme une sorte de sacerdoce, une manière de se dévouer aux autres et d'œuvrer pour le bien commun. En fait, elle avait produit sur moi l'impression qu'elle produisait chez tous ceux et toutes celles qui l'observaient de loin et qui étaient littéralement « éblouis ». Elle n'appartenait pas, j'en étais convaincue, à la gauche caviar et à ce petit noyau de calculateurs qui s'étaient ralliés au PS à la fin des années soixante-dix, pressentant qu'ils seraient amplement dédommagés d'un choix en apparence contraire à leurs intérêts économiques immédiats et à leurs convictions réelles. Elle venait d'un milieu très marqué à droite et avait donc rompu avec lui, sans craindre les foudres des siens.

Ségolène incarnait pour moi une autre façon de faire de la politique, loin des querelles de clocher et des intrigues de couloir. J'étais naïve. Il m'aurait suffi d'avoir été encartée au PS, ce à quoi je m'étais toujours refusée, pour découvrir qu'elle ne reculait devant rien pour réaliser ses ambitions qui n'étaient pas minces. Loin d'être une militante de base ayant gravi un à un tous les échelons au sein du Parti, elle avait soigneusement mûri les différentes étapes de sa carrière pour se rendre indispensable. En 1993, profitant de la déroute électorale des socialistes, elle avait ainsi brigué la présidence du groupe parlementaire socialiste à l'Assemblée nationale, réduit à cinquante-quatre membres, un poste qu'elle estimait devoir lui revenir puisqu'elle était la seule députée socialiste à avoir amélioré son score entre 1988 et 1993. C'était certes une prouesse, mais aux yeux de ses camarades, c'était un peu trop prématuré pour qu'elle ose réclamer de tels lauriers. Ne s'avouant pas vaincue, Ségolène avait attendu son heure, cultivé son image, tissé son réseau, emporté une région, séduit la presse nationale et l'opinion. Comme Nicolas Sarkozy, il y a longtemps qu'elle voit haut, très haut...

Son refus de l'offre de Jacques Chirac m'avait fait découvrir cette autre Ségolène, une femme politique toujours aux aguets qui se méfie de la moindre fuite pouvant nuire à son image. Un journaliste mal intentionné aurait pu ébruiter cette affaire et consacrer un article vengeur à cette élue de gauche qui se faisait transporter dans les avions du Glam aux frais du contribuable. Selon moi, si Jacques Chirac avait ce jour-là réagi en vrai père de famille, Ségolène avait, elle, considérablement minimisé l'importance de son rôle de mère.

Sa justification débitée, comme s'il s'agissait d'une évidence, me glaça. C'était tout juste si elle ne m'exposait pas qu'elle avait été suffisamment lucide pour avoir su déjouer le piège intentionnel que lui avait tendu le Président. Il y avait quelque chose de terrifiant dans sa démonstration. Elle faisait preuve envers sa famille de la même inconstance que dans sa vie publique. Son ambition dévorante la déconnectait totalement de la réalité. La simplicité, la spontanéité avaient été rayées de son fonctionnement – avaient-elles seulement un jour été présentes ? Jamais rien ne pourrait l'arrêter sur la voie royale qui, un jour, la conduirait, elle le pressentait déjà, sous les lambris de l'Élysée.

Aujourd'hui, en 2007, je constate qu'elle sait admirablement entrouvrir sa porte à la presse et lever un léger voile sur son intimité familiale, appréciant particulièrement qu'on mette en avant ses qualités de femme et de mère de famille protégeant jalousement sa couvée. La fibre maternelle fait recette. De redoutée, l'indiscrétion savamment distillée est devenue payante, pour elle comme pour d'autres. Un cliché de Ségolène au chevet de l'un des siens vaut mille fois plus qu'une diatribe contre la politique sociale du chef de l'État. Je ne suis pas dupe de cet opportunisme affectif qui montre surtout une grande capacité à humer l'air du temps pour y modeler sa conduite.

*

C'est au cours de l'été 1996 que je devins officiellement assistante parlementaire rémunérée en bonne et due forme par l'Assemblée nationale. Le dossier de notre comité d'expansion était en voie de finalisation, comme disent les technocrates, et Bruxelles avait accordé les subventions sollicitées.

Mes fonctions s'en trouvèrent quelque peu modifiées. Désormais, je consacrais une bonne partie de mon temps à assurer les permanences de la députée et à recevoir les habitants de la région qui souhaitaient une intervention de Ségolène. La permanence d'un député est une sorte de bureau des pleurs où se pressent tous ceux qui ont eu maille à partir avec l'administration ou qui ont besoin d'elle pour mener à bien leurs projets.

Les visiteurs n'étaient pas uniquement des cas sociaux ou des quémandeurs impénitents qui sont infiniment moins nombreux qu'on ne le pense. J'avais affaire à des personnes appartenant à toutes les couches de la société et je faisais activement fonction d'assistante sociale, de conseillère à l'emploi, de psychologue et de chargée de relations publiques.

C'est ainsi que je reçus la visite du patron d'une usine de chaudronnerie venu pour m'exposer son problème. C'était un patron heureux, en ce sens que son carnet de commandes était bien rempli et que son entreprise était assurée de pouvoir se développer dans les années à venir à une condition et une seule : qu'il puisse trouver les ouvriers, qualifiés ou non, dont il avait besoin pour faire tourner la machine. Les métiers de la chaudronnerie n'attiraient guère les jeunes et il peinait à trouver des apprentis. Dans le département, il n'existait pas de filière de formation pour ce secteur et c'était la raison pour laquelle il souhaitait rencontrer Ségolène.

Sa situation avait quelque chose d'ubuesque. À l'époque, on ne parlait que de l'augmentation du chômage et de la fermeture des entreprises. Cette réalité était particulièrement aiguë dans les Deux-Sèvres, un département essentiellement rural, où les petites et moyennes entreprises se comptaient, dans chaque localité, sur les doigts d'une seule main. Or, j'avais devant moi un entrepreneur dynamique qui se proposait de créer des emplois pour autant qu'il puisse trouver les candidats pour les occuper. Je l'ai longuement écouté et j'ai étudié avec lui toutes les perspectives possibles. Finalement, j'en parlai à Ségolène, en lui soulignant l'importance de ce dossier et la nécessité urgente de trouver une solution. Je pensais sincèrement qu'elle remuerait ciel et terre pour favoriser la création d'un centre de formation en faisant jouer ses réseaux et que, au minimum, elle interviendrait auprès du directeur départemental du Travail et de l'Emploi pour mettre notre patron en rapport avec les services compétents. Il n'en fut rien. Elle se contenta d'une visite médiatisée, dans son usine, où elle passa son temps à se faire prendre en photo avec les ouvriers. Voir une Parisienne, de surcroît ancien ministre, se préoccuper de leur entreprise était pour eux une divine surprise et elle y gagna assurément un lot de futurs électeurs.

Le chef d'entreprise, lui, fut traité comme un *minus habens*. Contrairement au patron qu'elle avait dorloté au restaurant, celui-ci l'intéressait peu. Elle écouta d'une oreille distraite ses explications. Je pense qu'elle le soupçonnait de vouloir recruter des apprentis uniquement pour faire des économies de salaires et obtenir des réductions de charges patronales. Ce n'était pas le cas. L'homme avait besoin d'une main-d'œuvre qualifiée pour honorer les commandes qui lui avaient été passées. Une partie de ses ouvriers étaient âgés et, en gestionnaire prévoyant, il anticipait leur départ à la retraite et leur remplacement. Elle s'est contentée de lui promettre qu'elle veillerait à la mise en place de formations. En tant que députée et conseillère générale, elle n'avait pas vraiment les moyens de tenir cet engagement, qu'elle oublia bien vite. De toute façon, l'aboutissement de ce projet n'aurait eu droit qu'à un maigre entrefilet dans la presse locale alors que sa visite à l'usine lui avait valu plus d'une demi-page d'un quotidien régional qui avait minutieusement recensé les propos flatteurs tenus sur son compte par les ouvriers.

Ségolène était d'autant moins encline à écouter son interlocuteur patronal qu'elle ne savait pas grand-chose du monde de l'entreprise. Peut-être a-t-elle évolué depuis mais, à cette époque pas si lointaine, elle estimait que les patrons de gauche étaient une espèce rare, très rare, notamment dans les Deux-Sèvres. Pour elle, les chefs d'entreprise étaient surtout des adversaires politiques auxquels on ne devait accorder aucune faveur et qu'il valait mieux s'abstenir de fréquenter. C'était une perte de temps d'avoir à discuter avec eux. J'avais beau lui faire remarquer que la réussite de notre comité d'expansion dépendait largement de la synergie entre les différents acteurs locaux, y compris des patrons, mes propos ne déclenchaient le plus souvent qu'un petit sourire et elle s'empressait de changer de sujet de conversation.

Cette posture provoqua l'échec de certaines initiatives dont elle avait eu l'idée. Ainsi, à La Mothe-Saint-Héray, avait-elle organisé des chantiers de réinsertion pour les jeunes en difficulté ou en rupture avec le système scolaire. Ils étaient employés à restaurer les murets de pierres sèches, typiques de cette région, qui séparent les champs. Ces murets nécessitent un entretien constant, faute de quoi ils se dégradent. Les agriculteurs n'ayant pas le temps de s'en occuper, ces murs avaient fini par quasiment disparaître du paysage, à la grande colère des admirateurs du patrimoine local. Ces murets uniques constituaient en effet jadis une marque du paysage local et les vieilles cartes postales qu'on déniche dans les brocantes montrent qu'ils lui conféraient un charme certain. De petits monuments historiques en somme. Une association, employant des jeunes en difficulté, avait donc été créée pour les restaurer.

La restauration du premier muret avait fait l'objet d'une manifestation à laquelle Ségolène avait participé et la presse locale y avait consacré de longs articles. Ce projet, qui répondait à un réel besoin et aurait pu être bénéfique aux jeunes auxquels il s'adressait, se déroula avec de grandes difficultés. Il était difficile de trouver des recrues car Ségolène, pour d'obscures raisons, était en mauvais termes avec la direction départementale du Travail et de l'Emploi. Sa représentante à La Mothe-Saint-Héray me réserva un accueil glacial quand je lui rendis visite. Elle m'expliqua que Ségolène avait pris seule cette initiative, se gardant bien de consulter ses services ainsi que les élus locaux. Elle n'avait pas cherché à les informer de son projet ni même tenté d'obtenir l'accord des propriétaires des champs concernés. En guise de représailles, ils mettaient tous un point d'honneur à ne pas prêter leur concours à cette opération.

Comme souvent, elle avait sa propre vision des choses. Elle estimait qu'en court-circuitant les élus locaux et les administrations et en faisant jouer ses relations dans les ministères, elle obtiendrait plus rapidement satisfaction. Lorsque Ségolène a une idée, il faut qu'elle soit mise en application dès le lendemain. Si elle décide de faire bâtir une crèche, elle est presque étonnée et déçue qu'à l'issue de la séance de travail, durant laquelle on a discuté ce projet, le bâtiment ne soit pas déjà sorti de terre et prêt à être inauguré. Contrairement à ce qu'elle affirme, le réalisme est loin d'être sa première vertu. Pas plus que sa capacité d'écoute et son sens du dialogue, je crois...

Quand je l'entends aujourd'hui promettre la démocratie participative, j'avoue que cela me surprend beaucoup. C'est une belle idée qu'elle a rapportée de son passage éclair au forum altermondialiste de Porto Alegre en 2003 et qu'elle a décidé d'appliquer, dans un premier temps, aux lycées de la région Poitou-Charentes dont elle est désormais la présidente. Et que signifie la démocratie participative pour une femme qui propose notamment un encadrement militaire pour les jeunes en difficulté ? C'est très simple : « C'est l'apprentissage de la vie citoyenne dans les établissements et la prise en compte des attentes de tous ceux qui vivent dans les lycées pour définir des projets prioritaires d'aménagement. »

Le quotidien *Centre Presse* a dressé un bilan de cette démocratie participative dans trois lycées de Châtellerault et Claude Lévy, dans un livre roboratif*, s'en est fait l'écho : « Les lycées concernés ont proposé, entre autres, le réaménagement de la salle des professeurs, l'installation de rideaux et de volets dans les salles le nécessitant, le traitement des mauvaises odeurs dans les vestiaires et la création d'un mur d'escalade. » Faut-il inscrire au compte de cette démocratie participative la décision unilatérale de Ségolène Royal d'offrir aux lycéens internes dix mille paires de charentaises, au motif que ces pantoufles un tantinet désuètes sont furieusement tendance ? On a pu l'entendre déclarer : « J'ai la conviction qu'il s'agit d'un bon produit qui va revenir à la mode. Les charentaises, ce sont les racines, le confort, et c'est branché. » Sur ce point très précis, les

* *L'une enchante, l'autre pas. Ségolène et Martine : portraits croisés*, Calmann Lévy, 2006.

premiers intéressés n'ont pas été consultés. Un peu comme la tête chercheuse d'un bureau de tendances parisien, Ségolène sait mieux et avant eux ce qui convient aux lycéens. La démocratie participative à la Royal implique qu'une bonne fée prenne les décisions à votre place...

C'est l'une des limites de cette belle promesse ségoliste qui est plus à mes yeux un gadget qu'un véritable moyen de permettre aux citoyens de prendre en main leur destin. J'ai l'intime conviction que c'est de la poudre aux yeux, une manière de jeter aux Français un os à ronger pour les occuper afin qu'ils consacrent leur attention et leur énergie à des questions mineures et qu'ils ne se mêlent pas des affaires sérieuses. Cela procède d'une infantilisation des citoyens dont je m'étonne qu'elle ne soit pas plus souvent dénoncée. Mais les candidats qui agitent des chiffons rouges sécuritaires pour capter l'attention des électeurs ne sont pas forcément les mieux placés pour dénoncer les artifices employés par d'autres...

Pour ma part, j'ai une autre idée de la démocratie participative. Elle consiste à être à l'écoute des autres, à leur faire confiance et à leur déléguer une partie des pouvoirs. Un exercice dont Ségolène Royal est incapable car, au quotidien, seul un avis l'intéresse : le sien.

Accessoirement, elle consent à laisser s'agiter autour d'elle, à condition de les contrôler étroitement, quelques « apparatchiks » qui lui sont entièrement dévoués. J'ai pu le constater avec ces fameux chantiers de réfection des murets. Ils fonctionnaient sous la responsabilité d'une association dont le président était adjoint au maire de La Mothe-Saint-Héray. Je le connaissais d'autant mieux qu'il jouait un grand rôle dans le comité d'expansion et qu'il avait soigneusement veillé à la répartition des postes au sein du bureau en soutenant ses amis, tous ségolistes convaincus. C'était un homme de terrain, un militant associatif acharné qui présidait différentes associations ou appartenait à leur bureau en tant que, c'était sous-entendu, « proche » de Ségolène. Et il n'était pas le seul à empiler les casquettes associatives. Comme lui, d'autres se démultipliaient pour mieux contrôler la région. Ainsi le président de « La Route des fromages » était également l'un des hauts responsables de

« Défi pour l'Emploi ». De même, le trésorier de « Poitou 93 » occupait les mêmes fonctions au sein de « l'Association des amis du chabichou ». Et tous ces camarades de Ségolène siégeaient naturellement au bureau du comité d'expansion. Il y a des cumuls de mandats dont on parle peu...

À chaque fois que je devais monter un projet et obtenir l'assentiment des acteurs de la vie locale, je tombais invariablement sur l'un d'entre eux. J'en suis arrivée à me demander si certains d'entre eux ne surveillaient pas étroitement mes gestes et propos afin de rapporter à Ségolène la manière dont je servais fidèlement ses intérêts. À l'inverse, il est vrai que s'ils m'avaient opposé un refus ou avaient fait preuve de mauvaise volonté, j'en aurais parlé à ma patronne, ne fût-ce que pour justifier le retard pris par tel ou tel dossier. Dans ce marigot de parano, tout le monde tenait ainsi tout le monde par crainte de déplaire à la Supérieure. Petit à petit, j'ai compris que je travaillais non pour la région et ses habitants mais pour un petit groupe se répartissant les postes de responsabilité et pratiquant allégrement la cooptation. Ce petit groupe décidait de tout dans le secret de ses conclaves. Il y avait eux et les autres, c'est-à-dire la droite honnie, à laquelle il ne fallait accorder aucun répit. Les Deux-Sèvres me ramenaient à une sorte de guerre froide entre la gauche et la droite, avec son lot de petitesses et de mesquineries. On était loin, très loin de la coexistence pacifique entre Don Camillo et Peppone. On était sommé de choisir son camp et de ne faire aucune concession à l'adversaire.

*

Cette mentalité obsidionale engendrait un climat de suspicion permanent dont souffraient certains des fidèles parmi les fidèles. Le président de la communauté de communes créée à l'initiative de Ségolène en pâtit terriblement. N'étant pas maire mais uniquement conseillère municipale, députée et conseillère générale, elle ne pouvait siéger dans cette structure ni assister à ses réunions, ce qui la mécontentait grandement. Elle avait l'impression qu'on lui avait volé son enfant et qu'on la tenait délibérément à l'écart alors qu'elle aurait dû, quasiment de droit divin, régenter en personne cette communauté.

Contrairement à ce qu'elle pensait, il ne s'agissait pas d'un complot ourdi contre elle. La communauté de communes n'était pas un golem fou qui aurait échappé à sa créatrice. On était très éloigné de la légende du ghetto de Prague immortalisée par Gustav Meyrink. Les réunions ne concernaient que les maires, et les dossiers qui y étaient traités relevaient de la simple politique municipale. De surcroît, les élus, faisant fi de leurs appartenances politiques respectives, aimaient parler librement, et la présence de la députée aurait certainement freiné la spontanéité des échanges. Un député, même d'opposition, dispose d'appréciables moyens de rétorsion contre les édiles qui auront critiqué son attitude et ses prises de position. Il peut agir pour geler l'octroi d'une subvention ou retarder la mise en application de tel ou tel projet. Voilà pourquoi il était préférable – c'était au demeurant la stricte application de la loi – que Ségolène ne siégeât pas au sein de cette structure.

Elle avait pourtant un représentant très qualifié en la personne du président, qui était unanimement considéré comme son homme lige. Cela ne l'empêcha pas, un beau jour, de le soupçonner de ne pas lui rapporter fidèlement tout ce qui se disait lors de ces réunions. Sans doute aurait-elle souhaité que celui-ci enregistre sur magnétophone les débats et qu'il lui remette ensuite une cassette qu'elle aurait pu écouter lors de ses voyages en train entre Niort et Paris et vice versa. Mais lui se contentait de lui résumer l'essentiel de ce qui s'était dit, et de ce qui la concernait, elle, personnellement, en omettant certains détails oiseux. C'était plus qu'elle n'en pouvait supporter.

Il est vrai que cet élu ne faisait pas mystère de ses ambitions politiques. Maire et conseiller général, il espérait bien un jour décrocher une circonscription ou un siège de sénateur et il ménageait en conséquence les susceptibilités de certains de ses collègues qui n'appartenaient pas à son bord. Il gardait sans doute pour lui la primeur de certaines informations qui pouvaient l'aider dans sa quête obstinée des honneurs. Au fond, il estimait que son allégeance à Ségolène n'était pas un acte de foi absolue, mais plutôt un moyen de parvenir à ses propres fins. C'est là une constante de la vie politique locale, et elle n'a rien d'infamant et de déshonorant. Se mettre au service de quelqu'un de plus grand que soi est la plus sûre méthode pour s'élever soi-même. Jadis, le suzerain et le vassal étaient liés par des obligations d'assistance mutuelle qui jouaient dans les deux sens et la réalité n'a guère évolué depuis. Il se servait de Ségolène comme elle de lui. Leur compagnonnage avait été profitable à l'un comme à l'autre, et quand elle avait été parachutée dans les Deux-Sèvres, Ségolène n'avait eu qu'à se féliciter de l'aide qu'il lui avait apportée. Et il continuait à se comporter le plus loyalement du monde avec elle.

Mais, de ça, Ségolène en doutait. Et c'est ainsi que d'assistante parlementaire, je me suis transformée en espionne politique au service de Madame Royal. Pour en avoir le cœur net, Ségolène me confia en effet la mission d'assister à l'une des réunions de la communauté de communes afin de lui rapporter par le menu tout ce qui s'y dirait. J'étais terriblement gênée. Il ne me revenait pas, selon mes attributions, de m'occuper de ce dossier et j'ignorais tout des questions qui seraient alors discutées. Je n'avais même pas l'excuse d'y aller en tant qu'experte apportant des précisions sur une procédure administrative en cours. Rien ne justifiait ma présence si ce n'était le fait que j'étais l'assistante de Ségolène. Et ce n'était pas la meilleure des cartes de visite.

Bon nombre d'élus présents ce soir-là m'observèrent d'un mauvais œil, persuadés que j'étais parmi eux avec la ferme intention de « rapporter ». Paysans madrés, ils prirent grand soin de surveiller leurs propos et de ne lâcher que des phrases banales dont nul ne pourrait jamais leur tenir rigueur. Il faisait chaud mais ce n'était pas le climat qui rendait cette réunion étouffante. Le président avait beau faire des efforts méritoires pour susciter l'avis de ses collègues, ils se contentaient de marmonner des réponses évasives. Marmonner n'est pas le terme exact. Ils chuchotaient, espérant que leurs mots ne parviendraient pas jusqu'à mes oreilles. Pour ma part, compte tenu de l'exiguïté de la pièce, je me tenais debout, m'efforçant de garder bonne contenance.

J'assistai jusqu'au bout à cette réunion, l'une des plus pénibles et des plus ennuyeuses de ma vie. Avant de partir, je pris le temps d'échanger quelques mots aimables avec les élus. Si je m'étais précipitée pour regagner ma voiture et démarrer en trombe, ils auraient imaginé que je n'avais qu'une hâte, rentrer pour faire mon rapport à Ségolène. Et je ne voulais pas leur donner cette impression car il était probable qu'à court ou moyen terme, j'aurais l'occasion de travailler avec eux sur des sujets relevant effectivement de ma compétence. Je n'entendais pas hypothéquer la cordialité de nos futures relations. Avec une pointe d'agacement devant le temps perdu pour cette vaine fausse querelle, je fis à Ségolène un rapport aussi fidèle que possible du déroulement de cette réunion et je l'assurai que nul ne cherchait à lui nuire. Elle m'écouta d'une oreille distraite. Visiblement, les agissements de son dévoué serviteur qui lui avait semblé susceptible de commettre le geste de Brutus étaient devenus secondaires. En imposant ma présence, elle lui avait signifié qu'une épée de Damoclès était suspendue au-dessus de sa tête. Pour l'heure, c'était amplement suffisant. Fine mouche, elle savait que, durant quelques mois, le présumé félon se tiendrait à carreau et qu'il se garderait bien de prendre la moindre initiative sans lui en parler.

À vrai dire, il en allait de la communauté de communes comme du comité d'expansion. Une fois créées, ces structures n'intéressaient pas vraiment Ségolène Royal et elle ne se préoccupait pas de savoir à quel projet étaient affectées les subventions en provenance de Bruxelles ni quels résultats concrets étaient obtenus sur le terrain. C'étaient des questions subalternes dont une collaboratrice comme moi pouvait se charger, quitte à ce qu'elle rafle la mise, électoralement parlant, si l'un de nos dossiers permettait de sauvegarder ou de créer des emplois. À ce moment-là, et à ce moment-là seulement, elle convoquerait les médias locaux pour annoncer *urbi et orbi* que son obstination avait payé. Son activisme se résumait à brasser de l'air et à engranger patiemment les comptes rendus laudatifs de son action dans les médias. Le reste n'avait strictement aucune importance.

Plus je progressais dans mon travail, plus j'éprouvais de gêne. Appréciant les résultats de mes efforts, Ségolène se reposait largement sur moi et me confiait des tâches qui excédaient de loin les termes de mon contrat de travail. À ses yeux, je faisais partie de son clan et il lui paraissait tout à fait normal de me confier des missions politiques que, pour ma part, j'exécrais. Elle avait tendance à confondre militantisme et travail rémunéré. Il me fallait faire preuve de beaucoup de doigté pour refuser telle ou telle démarche qui n'avait pas de rapport avec mes attributions. Je n'avais pas été embauchée comme juge de paix des querelles internes entre les différents courants du Parti socialiste et je ne classais pas les individus en bons et en mauvais selon la couleur de leur appartenance politique. Ségolène n'a jamais compris ou, plus exactement, s'est forgé à ce sujet une opinion très éloignée de la réalité. De mon refus, elle avait conclu que j'avais la fibre politique et que mon ouverture d'esprit procédait plus de la tactique que de la conviction profonde. D'après elle, je faisais mine d'être tolérante pour mieux prendre mes victimes dans mes rets. Elle s'était sans nul doute intérieurement réjouie d'avoir trouvé la perle rare, celle qui pourrait s'immiscer dans les bonnes grâces de ses adversaires et lui apporter des informations que ses fidèles, trop sectaires et rebutants, ne parvenaient pas à glaner. Il aurait été inutile de tenter de la convaincre du contraire, elle y aurait vu une preuve suprême de mon machiavélisme retors.

C'est sans doute parce qu'elle m'estimait capable de nager dans les eaux les plus troubles qu'à l'été 1996, elle me délégua la mission de la représenter dans différentes manifestations régionales. Elle était entièrement retenue par ses obligations parisiennes, en fait l'écriture de son livre, *La Vérité d'une femme*, auquel elle attachait beaucoup d'importance. Elle n'ignorait pas que publier un livre était désormais une quasi-obligation pour les politiques. Leurs écrits, les siens comme ceux des autres, ne pèchent pas par leur originalité et, plus que des pamphlets ou des brûlots, c'est une longue série de clichés plus ou moins élégamment tournés dont la moindre audace est bannie. Mais c'est une excellente occasion d'être invité par les animateurs d'émissions littéraires et de passer d'un plateau de télévision à un autre. Les politiques ont très vite intégré les règles de l'Audimat et savent qu'un 20 heures est une offre qui ne se refuse pas et que se faire gentiment chahuter par l'animateur d'un talk-show branché vous ouvre, au niveau national, les portes de la notoriété. Voilà pourquoi Ségolène avait décidé de consacrer ses vacances à la rédaction de son livre, une tâche très prenante.

Reste qu'elle redoutait les conséquences de son absence prolongée des Deux-Sèvres. Il fallait ne désespérer ni Boulogne ni Niort et éviter que ses électeurs s'imaginent qu'elle avait décidé de les laisser choir en chemin. J'étais donc là pour veiller au grain et lui servir de clone pour la représenter lors des nombreuses manifestations qui se déroulaient l'été dans une région fortement touristique.

J'ai donc couru, plus que d'habitude, les routes de campagne, et j'ai fait bonne figure partout où j'étais attendue. J'étais Madame Royale bis et les égards qu'on me manifestait auraient pu me tourner la tête si je n'avais pas eu celle-ci bien plantée sur les épaules. Je veillais au grain et j'étais en même temps surveillée. Ségolène délaissait régulièrement l'écriture de son manuscrit pour me téléphoner et vérifier si j'étais là où il le fallait, quand il le fallait, et pour s'assurer que je n'avais commis aucune gaffe dans l'exercice de mes fonctions. Sachant que j'étais novice en politique, elle me prodiguait une foule de conseils se résumant tous ainsi : « Mettez-vous au niveau des gens et ne refusez jamais ce que l'on sert à boire et à manger. »

Vivant depuis quelques années dans les Deux-Sèvres et étant une citoyenne ordinaire, avec ses problèmes et ses joies, je crois que j'étais plus en phase qu'elle avec mes voisins dont je partageais le mode de vie et les habitudes. Je n'avais pas besoin d'une « mise à niveau ». Quant à la nourriture et à la boisson, celles qui étaient servies dans les Deux-Sèvres n'avaient rien de particulièrement exotique ni de dangereux pour ma santé. Le marais poitevin n'était pas une région où sévissait à l'état endémique le paludisme, et les tuyaux de Ségolène me démontraient combien elle était, au fond, très éloignée de ceux qu'elle prétendait vouloir représenter et dont elle parlait avec une sorte de ravissement naïf suspect. Cela dit, elle donnait admirablement le change. Les habitants étaient persuadés qu'elle était proche d'eux et qu'elle aimait sincèrement cette région où elle avait atterri à la suite d'un parachutage décidé au niveau national. Ils appréciaient même la façon dont cette Parisienne, cette dame de la ville, avait su s'adapter à sa nouvelle patrie d'élection.

Ils avaient particulièrement apprécié qu'à l'occasion de la traditionnelle garden-party du 14 juillet 1989 à l'Élysée, elle soit arrivée, en costume traditionnel de la région de Melle, et ait distribué aux invités les différents fromages de chèvre produits dans la région. Ce geste symbolique, qui lui avait valu une large couverture médiatique, avait permis d'accélérer l'adaptation d'un projet de loi visant à décerner aux produits fromagers le label « appellation d'origine contrôlée » largement utilisé pour la viticulture, et ils lui savaient gré d'avoir bravé les quolibets des journalistes et de certains de ses collègues parlementaires qui avaient brocardé cette initiative jugée démagogique.

Il fallait d'ailleurs à Ségolène un certain courage pour revêtir ce costume de paysanne et se rendre ainsi attifée à l'Élysée en ce 14 juillet 1989 alors que, la veille, la

France avait pu découvrir le spectacle très branché de Jean-Paul Goude sur les Champs-Élysées qui faisait de notre pays le foyer de la modernité et de la créativité artistique. Se déguiser ainsi, c'était donc prendre un risque, mais Ségolène avait estimé que ce pari serait payant. Il le fut effectivement. Depuis, toutes tendances politiques confondues, les habitants de Melle la considèrent comme une authentique fille du pays et ils sont prêts à la défendre bec et ongles. Une fois de plus, une apparence de simplicité a contribué à asseoir sa popularité et à renforcer son image de forte personnalité qui n'hésite pas à payer de sa personne pour des causes que ses camarades jugent secondaires et archaïques.

CHAPITRE 4

SOS Assistante parlementaire

Ma situation administrative étant régularisée depuis quelque temps, j'étais beaucoup plus sereine. Désormais, je n'étais plus une semi-clandestine mais une attachée parlementaire, payée chaque fin de mois, rubis sur l'ongle, par les services administratifs de l'Assemblée nationale. C'était une mécanique bien huilée, dirigée par des administrateurs et des fonctionnaires compétents, si compétents que je n'avais aucune raison d'avoir avec eux des contacts directs. Ils s'occupaient de tout : le versement du salaire, l'inscription aux caisses de retraite, principale et complémentaire. En un mot, j'étais en de très bonnes mains.

Bien entendu, je ne me faisais aucune illusion sur la précarité de mon statut. Une assistante parlementaire, pour autant qu'elle conserve la confiance de l'élu avec qui elle travaille, n'est assurée de la sécurité de son emploi que durant la législature en cours. À l'issue de celle-ci, tout dépend du verdict des urnes. Soit le député est réélu et conserve son assistante à son service, soit il est victime du suffrage universel et il la conduit directement jusqu'aux bureaux de l'ANPE. Sauf si elle réussit à trouver un contrat auprès d'un député fraîchement élu.

Mais, après tout, nous étions en 1997 et les prochaines élections ne devaient avoir lieu qu'en 1998. Cette échéance me garantissait quelques mois de répit et, surtout, ils me permettraient de travailler sur de nouveaux projets. Je ne pouvais imaginer que ma patronne envisage de modifier mon contrat de travail. Elle avait à coup sûr inscrit mon poste dans sa fameuse « enveloppe budgétaire ». J'avais oublié une chose essentielle : Ségolène peut être totalement imprévisible. Pourtant, je le savais et lorsque le téléphone sonnait chez moi ou à mon bureau, je me demandais souvent avec une certaine appréhension si une nouvelle lubie ne lui était pas passée par la tête et si elle ne s'était pas entichée d'un produit local découvert à l'occasion d'une virée dans « sa » campagne, une spécialité 100 % terroir dont elle souhaitait faire la promotion toutes affaires cessantes.

Néanmoins, ce matin-là, j'étais à cent lieues d'imaginer possible ce que sa voix douce et amicale au bout du téléphone était en train de m'annoncer. Elle m'expliqua en effet qu'elle avait trouvé un moyen imparable pour me garantir, dans les mois à venir, le versement de mon salaire, avec, à la clé, quelques avantages matériels non négligeables. C'était très simple : je serais désormais payée par EDF. Comme la quasi-totalité des Français, je suis cliente de cet organisme et j'ai beaucoup de respect pour le travail de ses agents, particulièrement en zone rurale. L'hiver, quand des câbles cèdent sous le poids de la neige, ils font des miracles pour rétablir aussi vite que possible le courant dans les hameaux isolés. Mais en tant qu'assistante parlementaire de Ségolène, je parvenais difficilement à comprendre quel lien pouvait exister entre EDF et la questure de l'Assemblée nationale. Mais, dans notre pays, tout est toujours possible et, peut-être que des accords particuliers régissaient certains rapports entre EDF et le Palais-Bourbon, et qu'elle souhaitait m'en faire bénéficier pour mieux garantir mes droits et m'assurer un statut durable auprès d'elle ?

Je bafouillai donc que cela n'était pas un problème à condition que les choses soient régulières et qu'elle m'éclairât un peu sur cette curieuse procédure. Face à ses explications « techniques », je déchantai rapidement. En fait, Ségolène entendait ne plus avoir à assumer mon salaire, qu'elle prélevait de l'enveloppe budgétaire dont elle disposait via l'Assemblée nationale. Elle préférait consacrer cet argent pour embaucher un collaborateur supplémentaire, un bon militant socialiste, plus exactement un vrai « ségoliste ». Or, dans le cadre de l'implantation d'une ligne à très haute tension sur une partie de sa circonscription, elle avait obtenu un dédommagement et le directeur régional d'EDF s'était engagé à lui verser la somme de huit cent mille francs. Quelle chance ! Cela représentait exactement deux années de salaire et de charges patronales qu'elle devait débourser pour une collaboratrice de mon niveau.

Cette fois encore, elle avait échafaudé dans sa tête un improbable montage qui lui permettait à la fois de me conserver auprès d'elle et de se créer un nouvel obligé. Et le simple fait d'y avoir pensé suffisait à la convaincre que tout cela était réalisable, comme par enchantement. Notre collaboration, pourtant fructueuse, se heurtait toujours au même problème : le versement de ce qui m'était dû.

Peu importe ce que je pensais ou ce que disaient les textes de loi. Pour Ségolène, l'affaire était déjà « pliée » et elle m'incita à me mettre en rapport au plus vite avec le directeur général d'EDF à Poitiers. Je fus bientôt reçue par le directeur adjoint, un juriste et une personne qui s'occupait plus particulièrement du développement local. Le directeur adjoint me confirma qu'ils étaient prêts à participer aux projets de développement sur le territoire du Saint-Maixentais, à hauteur de six cent mille francs. Ils avaient pris connaissance de notre dossier présenté à la Datar et acceptaient de travailler avec moi. Ils avaient seulement perdu deux cent mille francs en cours de route. Ségolène Royal avait encore dû mal comprendre ! Bientôt la question fatidique tomba : « Où voulez-vous vous installer ? À Saint-Maixent ? À Niort ? Ou à Poitiers ? Ils pensaient sérieusement que je travaillerais pour eux et que Ségolène allait m'abandonner ? Je leur précisai alors le souhait de ma patronne : en gros, je continuais à travailler pour elle tandis qu'eux me payaient.

Ils me regardèrent immédiatement avec de grands yeux hallucinés. Je leur expliquai alors que je ne voyais pas moi-même comment cela était possible, les assurant que je ne tenais pas à faire la une des journaux comme Xavière Tiberi. Et nous en restâmes là...

Une fois rentrée, je fis le compte rendu de mon entretien à Ségolène Royal. Bien sûr, je n'avais rien compris, je m'étais mal débrouillée. Il fallait qu'elle rattrape mes erreurs. À moi de lui organiser un déjeuner avec le président d'EDF. Ce que je fis.

Elle obtint finalement une subvention de six cent mille francs pour financer des investissements dans le cadre des projets de développement entrepris par le comité d'expansion. Une convention fut bien établie entre EDF et cette structure. Cet accord prévoyait qu'un membre d'EDF siège au conseil d'administration du comité d'expansion. À ma connaissance, le conseil d'administration du comité a fonctionné de manière très vague, et l'argent a surtout servi à satisfaire quelques élus au gré de l'humeur de Ségolène Royal et à financer des projets de petite envergure.

Victime d'un grave problème de santé, je ne pus profiter longtemps de mon statut « protégé » d'assistante parlementaire. Prise d'une forte migraine un matin de la fin décembre, j'allai consulter un médecin qui me prescrivit de la détente, du repos et du footing en attendant les vacances d'hiver. Rassurée par ses propos, j'allai directement au bureau, la permanence de Ségolène, où je retrouvai mes collègues Francine et Claude. Comme la migraine avait repris en cours de journée, je m'apprêtais à partir plus tôt, quand Ségolène arriva, toute fraîche et pimpante. Elle devait dédicacer son livre dans une librairie de La Mothe-Saint-Héray et me demandait de l'accompagner. Son enthousiasme communicatif eut raison de ma fatigue et de ma douleur. Après avoir avalé deux cachets d'aspirine pour tenir le coup, je la suivis.

La séance de dédicaces se déroula très bien. Une petite foule impatiente attendait l'auteur et Ségolène prit plaisir à discuter avec chacun des acheteurs. Elle était ravie du succès que lui valait cet ouvrage. L'ambiance était conviviale et je finis par oublier mon mal de tête. Après avoir raccompagné Ségolène, je rentrai chez moi, à Niort, relativement détendue.

Le réveil, le lendemain matin, fut horrible. Un effroyable mal de tête et une irrépressible envie de vomir me tenaillaient, un peu comme si j'avais une gueule de bois carabinée sans avoir bu la moindre goutte d'alcool la veille. J'essayai de me lever et je m'aperçus alors que je ne pouvais pas marcher droit et que j'avais toutes les peines du monde à garder mon équilibre. Je réalisai à peine ce qui m'arrivait. Je ne sais pas trop comment je trouvai la force d'appeler un médecin, qui décida de me faire hospitaliser pour passer un scanner. Quarante-huit heures plus tard, après une série d'examens, les médecins diagnostiquèrent un accident vasculaire cérébral.

Dès qu'elle apprit mon hospitalisation, Ségolène s'arrangea pour me rendre visite, une attention qui me toucha profondément. Elle était à mon chevet, elle prenait de mes nouvelles, me disait de ne pas m'inquiéter. Il fallait que je me repose et que je reprenne des forces. C'était un ordre qu'elle me donnait et je n'avais qu'à m'exécuter. J'étais heureuse de constater qu'elle était capable de véritables attentions. Même si son comportement m'avait déçue depuis que je travaillais pour elle, cette femme était restée humaine et capable d'empathie. Je finis par me reprocher les mauvaises pensées que j'avais eues à son égard. J'en étais si convaincue que je pris très mal la remarque ironique que me fit, après son départ, un médecin du service : « Dites donc, elle est bien contente, votre patronne. Elle a profité de sa présence pour faire le tour des services et saluer tout le monde, le personnel comme les malades. »

Au cours de cette visite et devinant que je risquais d'être absente pendant plusieurs semaines, Ségolène Royal me rassura sur ma situation financière. Je n'avais pas à m'inquiéter, elle maintenait le paiement de l'intégralité de mon salaire. Comme le prévoit la législation, elle percevrait en remboursement, par le mécanisme de la subrogation, le montant de mes indemnités journalières de la Sécurité sociale. J'avais particulièrement apprécié qu'elle fasse jouer cette procédure qui me permettait de ne pas voir mes revenus amputés ni d'être victime des délais de carence imposés par la CPAM. Et pendant plusieurs semaines, je n'eus pas à me soucier de ces questions financières.

En congé maladie afin de recouvrer la totalité de mes facultés (un AVC laisse souvent des séquelles graves même si elles sont heureusement temporaires), je repris petit à petit un semblant d'activité. J'étais en arrêt de travail et il n'était pas question pour moi de me rendre au bureau à Melle, car je ne pouvais pas conduire. Mais Marie, une jeune femme engagée par Ségolène pour assurer mon intérim, venait presque chaque soir chez moi pour me tenir au courant des dossiers qu'elle suivait et pour que je lui dicte des courriers. J'avais repris assez de force pour lui consacrer un peu de temps, même si ces séances me fatiguaient. Mais la guérison était pour bientôt et la confiance désormais totalement retrouvée avec ma « patronne en or » m'invitait à envisager l'avenir avec un brin d'optimisme malgré le choc et les angoisses engendrés par un problème de santé si brutal.

C'est dire ma surprise et ma consternation quand je reçus chez moi, un matin de la fin février, une volumineuse enveloppe, comprenant mes feuilles de soins et divers formulaires administratifs, le tout accompagné d'un petit mot de Ségolène : « Évelyne, je suis désolée pour ces questions administratives, j'ai besoin d'argent pour payer Marie. Nous ferons nos comptes en fin d'année. » Étonnée, je me mis à trier les documents jusqu'au moment où je remarquai que, sur la feuille de soins de février, était collé un Post-it jaune avec la mention : « suspension de salaire ». J'étais furieuse d'apprendre de la sorte cette mauvaise nouvelle, d'autant plus que Ségolène tentait manifestement de continuer à se faire rembourser par la Sécurité sociale le montant de mes indemnités journalières. En effet, en étudiant les documents, je découvris un formulaire de prolongation de la subrogation. En clair, afin de grappiller quelques bouts de chandelles, elle cessait de me verser d'une main ce qu'elle demandait qu'on lui remboursât de l'autre. J'étais littéralement abasourdie. Ségolène faisait ses comptes d'apothicaire sur mon dos sans se préoccuper de ma situation matérielle. Or, celle-ci était précaire. Mon AVC m'avait contrainte à engager une aide à domicile car il m'était difficile de m'occuper de ma maison et de mes enfants.

Ainsi, j'étais mise sur la touche du jour au lendemain par celle que je croyais être mon amie, par celle qui n'avait cessé de prendre de mes nouvelles et s'était montrée particulièrement attentive envers moi. Comment celle qui avait proposé de me laisser son appartement à Paris pendant ses vacances pour me permettre de passer les fêtes de Noël dans la capitale avec mes enfants, pouvait-elle avoir agi avec une telle hypocrisie ? C'était impossible ! Il y avait une erreur, j'avais mal compris, elle avait comme souvent négligé une basse procédure administrative et me demandait de la corriger. Me méfiant malgré tout de sa capacité à m'embobiner, je décidai de faxer tous les documents aux services administratifs de l'Assemblée, et ses agents, particulièrement férus en matière de droit social, s'aperçurent rapidement qu'il y avait irrégularité.

Devant la gravité des faits, Madame la Députée fut convoquée pour s'expliquer. C'était une affaire qui risquait de lui nuire politiquement et Ségolène dut rendre des comptes. Cela me valut évidemment de sérieuses réprimandes. Sitôt sortie de son entretien avec les services administratifs du Palais-Bourbon, elle m'appela, folle de rage. J'avais semé la zizanie et j'étais la dernière des idiotes car je ne comprenais rien. Visiblement, la précarité éventuelle de ma situation financière ne semblait plus l'émouvoir. Ainsi, quand je lui expliquai que la suspension d'un mois de salaire était une véritable catastrophe, elle me rétorqua simplement : « Mais Évelyne, vous avez une pension alimentaire ! »

De tout ce que j'ai pu entendre de Ségolène durant toute la durée de notre travail en commun, c'est probablement la phrase qui m'a le plus choquée. Comment cette femme, estampillée militante de la cause des femmes et qui prétend même aujourd'hui faire bouger les choses très vite (comme d'habitude...) sur cette question si elle est élue présidente de la République, pouvait-elle considérer une pension alimentaire comme un privilège et non comme un droit. Et puis, de quel droit se permettait-elle de s'immiscer dans ma vie privée sous le fallacieux prétexte de ne pas me payer mon salaire alors que, dans le même temps, elle percevait mes indemnités journalières. Visiblement impressionnée par ma réaction, elle finit par changer de ton, adoptant celui de la petite fille égarée dans un monde trop compliqué pour elle. Elle s'excusa en m'expliquant qu'elle ignorait tout des démarches administratives et me promit que tout allait s'arranger. Effectivement, si la Sécurité sociale me paya durant le mois de février, le système de subrogation reprit ensuite.

J'étais toujours en arrêt maladie car mon neurologue était opposé à ce que je reprenne une activité à plein-temps. J'appréciais néanmoins de retrouver de temps en temps l'ambiance du bureau ainsi que mes collègues. Marie, la dernière arrivée, s'occupait plus particulièrement de l'intendance. Elle organisait avec beaucoup d'efficacité les déplacements de Ségolène, veillant à ce qu'elle ne manque de rien et n'hésitant pas, en cas de besoin, à lui confectionner ses sandwichs. Nous travaillions tous d'arrache-pied sur le grand projet du moment, la fête du Chabichou, qui devait se dérouler en juin. C'était une tradition depuis 1988 et Ségolène y tenait beaucoup car cet événement attirait de nombreux visiteurs. De plus, cette manifestation était importante car ce serait la dernière du genre avant les élections législatives prévues en 1998. Il était même question d'organiser à cette date à Melle un grand colloque européen sur les produits laitiers. J'avais donc bon espoir que l'édition 1997 de la fête du Chabichou soit un succès. Nous étions en pleins préparatifs, quand la nouvelle de la dissolution de l'Assemblée nationale tomba.

Chapitre 5

En situation... de campagne électorale

En mai 1997, le président Jacques Chirac décidait la dissolution de l'Assemblée nationale. Des élections législatives anticipées devaient permettre de sortir de l'impasse dans laquelle se trouvait alors le gouvernement d'Alain Juppé, affaibli par l'accumulation des conflits sociaux. Certes, la droite risquait de sortir largement diminuée de cette épreuve, mais la gauche ne paraissait pas être en mesure de l'emporter.

Cette annonce surprit toute la classe politique. Beaucoup à l'époque doutaient que le Parti socialiste encore convalescent fût prêt à affronter une telle échéance électorale. D'une part, les séquelles de l'époque Mitterrand continuaient de peser sur ses différentes composantes, et les relations entre les communistes et les socialistes n'avaient rien de particulièrement chaleureux. De leur côté, les Verts, comme à leur habitude, étaient ailleurs et craignaient de perdre une partie de leur électorat s'ils s'affichaient trop à gauche. Quant à l'extrême gauche, revigorée depuis 1995, elle claironnait qu'elle comptait bien utiliser son pouvoir de nuisance électoral.

À notre niveau, la dissolution signifiait d'abord qu'il faudrait entrer très rapidement en campagne, afin de faire réélire Ségolène. Mais cette décision affectait également notre statut. En effet, il est d'usage qu'une dissolution entraîne le licenciement de tous les assistants parlementaires de l'Assemblée nationale. Ségolène procéda donc au nôtre dans les règles prévues par les services administratifs de l'Assemblée et en l'assortissant d'indemnités de préavis et du paiement de notre solde de tout compte.

Ségolène nous fit ensuite très rapidement savoir qu'elle avait besoin de nous pour animer son équipe de campagne, et nous proposa un contrat de travail à durée déterminée pour couvrir la période de campagne. En effet, la rémunération d'un collaborateur de campagne ne peut en aucun cas être prise en compte par une enveloppe parlementaire classique, puisqu'elle doit apparaître dans les comptes de campagne du candidat.

La campagne électorale s'enclencha très vite. J'étais fascinée par la facilité et le naturel avec lesquels Ségolène avait réagi à cette dissolution imprévue. Toutes les formalités administratives nécessaires à la mise en place de l'équipe de campagne furent effectuées très rapidement. Pour nous, cette campagne s'inscrivait naturellement dans la continuité de notre travail avec elle, puisque nous étions sûres de sa victoire et que, fidèle à la devise « on ne change pas une équipe qui gagne », elle s'était engagée à conserver la même équipe pour sa prochaine législature.

Tout se présentait pour le mieux. Pourtant, je fus très surprise par la façon dont Ségolène menait sa bataille. J'avais participé à plusieurs campagnes électorales en tant que militante, et je savais bien qu'une telle période ne pouvait être sereine. Mais avec Ségolène, j'allais décidément de surprise en surprise.

Un matin, en arrivant à la permanence de Melle, ma première vision fut celle d'une de mes collègues en pleurs. Ségolène venait de lui faire une véritable scène au téléphone parce qu'elle n'avait pas su trouver les horaires des TGV Paris-Niort. Et pour cause : la SNCF était en grève et les agents préposés aux renseignements n'étaient pas derrière leurs guichets. Nous ne disposions pas encore d'Internet. Finalement, au prix de mille difficultés, ma collègue avait pu lui obtenir une place de train, mais l'avait avertie qu'il n'était pas sûr que celui-ci circule, en raison du mouvement social. Ségolène, dont le socialisme n'allait peut-être pas jusqu'à tolérer les grèves l'empêchant de voyager, avait laissé éclater sa colère, avertissant qu'elle n'avait pas besoin de « canard boiteux pour faire sa campagne ».

C'était un avant-goût de ce qui nous attendait tous. La dissolution de l'Assemblée nationale ayant entraîné la fin du mandat des députés, Ségolène disposait de temps libre et, désormais, elle était omniprésente dans sa circonscription. Elle voulait absolument être décisionnaire en tout, y compris pour des détails tels que le choix des lots que les enfants pourraient gagner en participant aux jeux de pêche à la ligne organisés dans le cadre de la fête du Chabichou. Cette broutille nous a valu maintes réunions et de nombreuses heures passées avec Ségolène à choisir des lots sur des catalogues de jouets.

À la permanence de Melle, l'atmosphère se dégradait. Tout était prétexte à des remarques de la part de Ségolène qui faisait preuve d'un autoritarisme de plus en plus insupportable. Un matin, elle arriva déchaînée. Sur la route, elle avait constaté que toutes ses affiches électorales avaient été délavées par les fortes pluies qui s'étaient abattues sur la région la nuit précédente. Sur-le-champ, elle nous ordonna de convoquer les militants disponibles afin de procéder à un nouveau collage d'affiches. Nous avions des tâches plus urgentes à accomplir, mais Ségolène considérait comme inadmissible le fait que son profil ne soit pas clairement visible et ne retienne pas l'attention du passant. C'est tout juste si elle n'accusait pas le climat d'être du côté de ses adversaires.

Et plus la campagne avançait, plus Ségolène devenait capricieuse. Un jour, alors qu'elle devait participer à une interview organisée par LCI en duplex de Melle, elle s'aperçut au dernier moment qu'elle n'avait pas apporté de maquillage. Que la chaîne n'ait pas jugé utile de mettre à sa disposition une maquilleuse professionnelle était déjà un drame. Mais qu'elle ne parvienne pas à trouver le produit miracle capable de sublimer son image dans notre propre maquillage, c'était carrément un complot.

Durant tout le mois de mai, Ségolène n'a pratiquement pas quitté les Deux-Sèvres. Nous croulions sous le travail. La fête du Chabichou approchait et il fallait régler les derniers détails. Elle avait fait de cet événement un moment clé de sa campagne. Quant à la permanence, elle était littéralement prise d'assaut par tous ceux qui jugeaient le moment propice pour solliciter son intervention et plaider leur cause. Et il ne fallait négliger aucune demande, car un dossier réglé pouvait représenter une, dix, quinze voire vingt voix supplémentaires.

Certaines demandes représentaient un enjeu politique encore plus important, telle celle qui émanait d'une association de petits propriétaires de l'île de Ré. Depuis la construction du pont la reliant au continent, l'île s'était embourgeoisée et beaucoup de Parisiens y avaient acheté des résidences secondaires. Or, leurs relations avec des Rétais propriétaires de petits terrains sur lesquels ils avaient installé des mobil-homes qu'ils occupaient ou louaient l'été s'étaient détériorées. Certains des nouveaux venus avaient en effet engagé des actions en justice, car ils ne supportaient pas la vue de ces résidences mobiles, peut-être trop populaires à leur goût. Les propriétaires des terrains étaient furieux qu'on veuille leur interdire d'installer chez eux des caravanes, d'autant que certains d'entre eux n'avaient pas les moyens de se faire construire une maison. De plus, la hausse vertigineuse des prix de l'immobilier, consécutive à l'arrivée de la nouvelle clientèle parisienne, faisait que des gens très modestes, qui avaient hérité de leurs parents une petite maison, désormais estimée à prix d'or, étaient du jour au lendemain assujettis à l'impôt sur la fortune.

Je m'apprêtais à répondre par courrier à cette association que nous comprenions leur situation et que Ségolène Royal prendrait grand soin d'interpeller le ministre concerné pour faire remonter leurs légitimes revendications. Lors de notre réunion hebdomadaire de synthèse, j'évoquai le sujet avec son directeur de campagne qui, à ma grande surprise, m'interdit d'envoyer cette lettre. Il m'expliqua qu'il était hors de question de se mettre à dos les « bobos », qui constituaient désormais une partie importante de l'électorat socialiste. Il ne fallait surtout pas les effrayer et les priver du plaisir de jouer aux châtelains en herbe. Je n'avais qu'à répondre à mes interlocuteurs que j'avais pris bonne note de leurs problèmes, sans autre précision. Quand je lui rétorquai qu'ils ne se satisferaient pas de cette réponse dilatoire, il me lança en souriant : « Tu as tort. Ce que ces gens veulent, c'est une lettre signée de Ségolène. »

L'échéance approchait et la profession de foi de Ségolène n'avait toujours pas été remise à l'imprimeur. Elle tenait absolument à ce qu'elle soit manuscrite et la rédaction d'un texte avec une belle écriture lui avait demandé beaucoup de temps. Elle soigna son devoir comme une écolière et fut particulièrement satisfaite de sa nouvelle signature : « Votre Ségolène ». Cette formule assez désuète la rendait, apparemment, plus

« proche des gens ». C'était son souci majeur durant cette campagne. Et cela reste vrai pour la plupart des politiques. Mais la quête de proximité prenait chez Ségolène des voies étonnantes. Vraisemblablement, son appartenance au Parti socialiste risquait de l'éloigner de ses électeurs potentiels, puisqu'elle me demanda vivement de supprimer la mention du PS et « le poing et la rose » des maquettes de ses affiches et de tous ses documents de campagne. Elle n'était pas la candidate des socialistes, mais celle de tous les Deux-Sévriens, comme elle est aujourd'hui la candidate de tous les Français. Son désir de mener campagne seule, en dehors de l'appareil était évident, et quand je l'interrogeais à ce sujet, elle se contentait de répondre : « C'est Ma campagne. » À l'époque, le PS n'était pas sûr, loin de là, de l'emporter, et je comprenais qu'elle cherche à préserver ses chances. Mais cette manière de prendre ses distances avec la formation à laquelle elle devait sa réussite témoignait d'un véritable opportunisme.

Lors de cette campagne, je l'ai également vue céder à une véritable crise de paranoïa, provoquée sans doute par la peur naturelle d'être battue. Elle avait remarqué que, parmi les lettres qui lui arrivaient, certaines avaient été désagrafées puis ragrafées. Une seule des collaboratrices s'occupait de l'ouverture du courrier. Et Ségolène en conclut que celle-ci faisait des photocopies pour les transmettre à ses adversaires, voire, à des mouvements d'extrême droite, aux Renseignements généraux ou à la presse. De mon côté, j'étais sûre de la parfaite loyauté de cette collègue. Elle travaillait pour Ségolène depuis son parachutage dans les Deux-Sèvres en 1988, et ne l'aurait jamais trahie pour qui que ce soit. Mais Ségolène était aveuglée par ses soupçons et ne souffrait aucune discussion à ce sujet. Elle exigea donc que le courrier, au lieu d'être ouvert par nous, lui fût remis directement.

Sa suspicion l'amena à vouloir se séparer de cette collaboratrice à la fin de la campagne. Elle me fit part de cette intention alors que je la conduisais à un rendez-vous. J'étais horriblement gênée de devoir garder cette confidence pour moi. Je voyais Claude tous les jours et j'appréciais son dévouement, dont je savais qu'il ne serait pas payé de retour. Je ne parvenais pas à comprendre pourquoi Ségolène avait éprouvé le besoin de me faire cette confidence. Pour tester ma loyauté et mon mutisme ? En tout cas, était-il opportun de semer la discorde au sein de son équipe en pleine campagne ?

Je mis ce comportement sur le compte de ses angoisses électorales, qui la fragilisaient et lui faisaient adopter des conduites irrationnelles. Pour se rassurer, elle déposait souvent plainte, pour des raisons obscures, contre ses adversaires. Ces plaintes étaient invariablement classées sans suite, mais elles lui donnaient l'occasion de belles interviews vengeresses.

Il lui arrivait également de planifier ses déplacements électoraux de manière à croiser ses adversaires. Protégée par une escorte de militants dévoués, elle les accablait parfois de sarcasmes et de reproches. Et quand ceux-ci lui répliquaient, elle clamait haut et fort qu'elle était victime de leur comportement scandaleusement grossier et machiste. C'est une technique à laquelle elle n'a pas renoncé et qui porte ses fruits. Récemment, elle a su amplifier et tirer profit des attaques des éléphants socialistes, en rejouant pour la énième fois cette pièce de la femme outragée. Et tous sont tombés dans le piège qu'elle leur tendait.

Si elle adorait provoquer un adversaire quand elle était entourée de ses partisans, elle détestait l'affronter lors d'un débat public. Durant cette campagne, un journaliste de la station régionale de France 3 avait prévu d'organiser un débat contradictoire entre elle et son adversaire, le maire de Saint-Maixent-l'École. Ségolène avait donné son accord et il était prévu que l'émission aurait lieu dans les studios de France 3 à Poitiers. Ce devait être le point culminant de la campagne, le jeudi précédant le second tour.

Le mercredi après-midi, ce journaliste nous appela pour régler des détails pratiques. Il voulait savoir à quelle heure Ségolène arriverait car il devait faire venir des maquilleuses d'Angoulême. J'avais pris l'appel et, alors que je parlais avec lui, je vis Ségolène me faire de grands signes de dénégation de la tête. Ne comprenant pas ces gestes, je demandai à mon interlocuteur de rester en ligne pour interroger Ségolène. Elle voulait me dire qu'elle ne participerait pas à ce débat. Elle avançait une bonne raison : elle n'avait jamais donné son accord.

Or, j'avais été témoin de sa communication de la veille avec ce journaliste, où elle avait accepté et évoqué certains aspects pratiques. Je lui tendis le combiné et elle expliqua froidement à son interlocuteur qu'elle refusait purement et simplement de participer à cette émission et qu'elle n'avait jamais donné son accord. Puis elle raccrocha, sans manifester le moindre trouble. C'était là une décision d'une extrême grossièreté pour le journaliste, obligé de changer au dernier moment son programme, et c'était surtout manifester un certain mépris pour les électeurs et électrices car, durant toute la campagne, elle n'avait accepté aucune offre de débat public avec un adversaire envers qui elle se montrait pourtant peu avare de critiques, lui reprochant, par exemple, son manque de communication !

Ce journaliste en perdit tout respect pour Ségolène. Ironie du sort, sa maison était située face à des panneaux électoraux et, chaque matin, en ouvrant ses volets, il découvrait l'affiche de la candidate Royal, ce qui suffisait, m'avoua-t-il plus tard, à gâcher sa journée.

*

Dans une campagne, il apparaît normal qu'un candidat s'oppose à ses adversaires politiques. Il semble moins logique que le candidat entretienne des relations détestables avec son propre suppléant. Ce fut pourtant le cas de Ségolène Royal. Depuis son premier mandat en 1988, son suppléant était Jean-Pierre Marché. Il avait déjà siégé à sa place au Palais-Bourbon entre 1992 et 1993 quand elle avait été nommée ministre de l'Environnement dans le gouvernement de Pierre Bérégovoy. Ancien instituteur, humaniste, il s'inscrivait pleinement dans la tradition radicale-socialiste, encore vivace en Poitou-Charentes comme dans de nombreuses zones rurales. Il faisait partie de ces élus de la première gauche qui s'étaient impliqués dans la vie locale bien avant l'élection de François Mitterrand. Maire et conseiller général de longue date, il était une véritable figure de la vie politique dans les Deux-Sèvres.

Je n'avais pas vraiment eu l'occasion de le rencontrer depuis que je travaillais pour Ségolène, car elle avait tendance à l'éloigner, le décrivant volontiers sous les traits d'un rustre caractériel qui ne comprenait rien aux subtilités de la politique et accumulait les impairs. Lorsque j'avais fait sa connaissance à la Fête du Tourteau fromager au cours de l'été 1996, j'avais découvert un homme très érudit et plein de charme, bien loin du portrait caricatural dressé par ma patronne. Au bout de quelques mois, je compris pourquoi Jean-Pierre Marché subissait un véritable ostracisme de la part de Ségolène et de son entourage. Ancré depuis toujours à gauche, ce vieux routier de la politique locale demeurait un esprit libre et indépendant. Il se méfiait des dogmes et ne tenait pas le programme du PS pour les Saintes Écritures. Il lui était arrivé, en tant que conseiller général, de s'abstenir sur une proposition de ses camarades car il estimait que ce n'était pas une décision bénéfique pour le département. De même, il ne votait pas contre le budget présenté par la majorité de droite et refusait de suivre la « discipline de groupe » en s'alignant sur les directives du Parti, lorsqu'elles lui paraissaient contraires à l'intérêt local. Sa tolérance et sa solide implantation régionale lui valaient l'estime générale de ses collègues et des électeurs. Tout le monde savait que cet homme n'avait rien d'un ambitieux ou d'un calculateur. Le conflit culturel entre une telle mémoire vivante du territoire et la jeune parachutée était prévisible.

Si Jean-Pierre Marché avait été l'un des premiers à aider Ségolène à s'implanter dans les Deux-Sèvres, il ne cachait pas son hostilité vis-à-vis de ses méthodes et de certaines de ses idées. Et, comme il jouissait d'une audience indéniable auprès des militants et savait donner de la voix lors des réunions du Parti, on peut comprendre que pour les « ségolistes » convaincus cet élu représentait une menace qu'il fallait décrédibiliser. En outre, aux yeux de Ségolène elle-même, il avait un tort immense : celui d'être un patron. L'ancien enseignant était en effet devenu chef d'entreprise et dirigeait, avec succès, une entreprise de fournitures de bureau et de papeterie en gros, bien implantée dans les Deux-Sèvres. S'il n'avait tenu qu'à elle, Jean-Pierre Marché n'aurait jamais eu de responsabilités au sein du PS, à cause de sa profession, de droite forcément. Mais, depuis des décennies, son enracinement à gauche était incontestable. Même ses salariés étaient prêts à témoigner des qualités sociales de leur employeur qui était tout sauf un patron de droit divin.

Dès l'annonce de la dissolution, Ségolène avait craint qu'il ne brigue le mandat de député contre elle. L'idée ne l'avait pas effleuré et il n'avait pas éprouvé le besoin de rassurer une élue qui refusait alors d'avoir le moindre contact avec lui. Inquiète, Ségolène avait ravalé son orgueil et lui avait proposé un rendez-vous afin de lui proposer un nouveau ticket. Leur rencontre était fixée à dix-sept heures trente et, pendant tout l'après-midi, Ségolène me parut particulièrement stressée. Quand Jean-Pierre Marché arriva, Ségolène l'accueillit chaleureusement avant de s'enfermer avec lui dans son bureau. Dès le début de leur entretien, elle lui tendit une lettre signée par laquelle elle l'assurait qu'il figurerait en position éligible sur la liste socialiste pour les prochaines élections régionales, s'il acceptait d'être son suppléant. Ce document n'avait aucune valeur légale, puisque le pouvoir de désigner leurs candidats revient aux militants socialistes. Mais Ségolène devait estimer qu'en de telles circonstances, elle pouvait se placer au-dessus de sa si chère « démocratie participative ».

Une fois assurée du soutien de Jean-Pierre Marché, elle l'oublia, le jugeant indigne d'être associé à sa campagne. Sa photo et son nom ne figuraient pas sur les affiches ou les professions de foi. Seuls les documents officiels mentionnaient son nom, pour des raisons purement juridiques. Il ne fut associé à aucune décision ni invité à aucune réunion, à l'exception d'un meeting à Saint-Maixent. Et je me souviens qu'il batailla ferme pour obtenir le « droit » de prendre la parole. Il fit d'ailleurs un excellent discours, émaillé de références littéraires, qui contrastait avec les platitudes de la candidate officielle. On sentait en lui un homme de conviction qui avait du socialisme une vision humaniste. Il n'entendait pas se contenter d'aligner un catalogue de revendications ou de mesurettes, il avait un véritable projet de société et trouva les mots justes pour captiver son auditoire. On devinait que, chez lui, l'action était nourrie par une vision et une pensée. Difficile d'en dire autant pour Ségolène. Les discours qu'elle prononçait à cette époque étaient très proches de ceux qu'elle tient aujourd'hui. Son désir de proximité lui faisait déjà adopter une simplicité de circonstance qui, à mes oreilles, sonne si faux. Chez Ségolène, la simplicité traduit moins une quelconque proximité vis-à-vis de son électorat qu'un cruel manque de culture philosophique. Elle n'a aucune vision de la France et de son avenir, et préfère se fier à son instinct et à quelques principes plus consensuels que novateurs. Pour les idées et les grandes réflexions, elle s'en remet aux autres, quitte à les piller. C'est ainsi que des économistes comme Pierre Cahuc, ou des philosophes politiques comme Pierre Rosanvallon ont eu la surprise de découvrir récemment sur son blog, « Désir d'avenir », des passages entiers de leurs travaux. Ils ont appris ainsi qu'ils étaient devenus, sans le savoir, des membres de son *think tank* de campagne. Déjà, en 1996, lors de la rédaction de son livre, *La Vérité d'une femme*, elle n'avait pas hésité à recopier plusieurs passages d'un texte écrit par le maire PS de

Quimper, Bernard Poignant. Mais, entre partageux, on se doit bien cela.

*

Les aléas de cette campagne n'empêchèrent pas Ségolène d'être réélue députée, avec une confortable avance, le 28 mai 1997. L'événement fut célébré joyeusement dans les Deux-Sèvres, en compagnie des militants, alors qu'elle était à Paris, passant d'un plateau de télévision à l'autre.

Chapitre 6

La fin des illusions

Au soir du second tour des élections législatives de 1997, les militants socialistes étaient heureux. Après quatre années passées dans l'opposition, la gauche revenait au pouvoir et, avec toutes ses composantes, elle disposait de la majorité absolue à l'Assemblée. Lionel Jospin, premier secrétaire du Parti socialiste et principal artisan de cette victoire, était pressenti pour devenir Premier ministre.

Dès le lendemain matin, chacun était à son poste, autant par devoir que par désir de participer, avec toute son énergie, à une nouvelle aventure. Nous savions que Ségolène ferait de nouveau appel à nous comme assistantes parlementaires car nous avions joué un rôle clé dans sa campagne. Elle, pourtant si cassante et si autoritaire, s'était, vers la fin, fendue de quelques compliments égrenés de sa voix la plus douce. Elle nous avait assuré qu'elle ne pouvait se passer de nos services et de notre bonne connaissance de « sa » circonscription.

Les choses ne se déroulèrent pas exactement comme prévu. Déjà en 1993, Ségolène avait brigué sans succès la présidence du petit groupe parlementaire socialiste. Cette fois, elle rêvait du « perchoir » de l'Assemblée, occupé précédemment par Philippe Séguin. Cette prétention avait soulevé un véritable tollé chez ses camarades qui appréciaient peu sa manière de se comporter ainsi que sa méconnaissance de la mécanique parlementaire. On ne l'accusait pas d'absentéisme mais de légèreté. Elle assistait aux séances, mais arrivait le plus souvent en retard, et s'était bien gardée jusque-là de monter à la tribune pour prononcer un discours ou défendre le point de vue du PS lors de l'adoption d'un projet de loi. Ce n'était pas son genre. Elle préférait poser aux ministres des questions écrites car elles laissent des traces.

Son inexpérience des grandes joutes oratoires n'était pas le seul obstacle qu'elle rencontrait sur sa route. Son compagnon, François Hollande, venait d'être nommé premier secrétaire du PS à la place de Lionel Jospin et beaucoup estimaient qu'il n'était pas judicieux que le couple cumulât ces deux responsabilités. Par startégie, les dirigeants du PS décidèrent de ne pas lui confier la présidence de l'Assemblée nationale. Ségolène était victime des méthodes qu'elle appliquait depuis des années dans sa carrière politique.

Lionel Jospin y était d'autant plus opposé qu'outre ses démêlés avec Ségolène en 1995, il devait apaiser les barrissements de quelques éléphants socialistes qui, faute d'obtenir un portefeuille ministériel, menaçaient de contrecarrer son action. Il fallait ménager toutes les sensibilités et notamment celle de Laurent Fabius, qui avait déjà, au demeurant, occupé le perchoir, avec un certain talent, entre 1988 et 1993. Le bureau national du PS ratifia ce choix, et celui de Jean-Marc Ayrault comme président du groupe parlementaire.

Malgré ces décisions, Ségolène continua d'affirmer qu'elle était candidate au poste de présidente de l'Assemblée nationale. Lionel

Jospin n'ignorait pas qu'elle irait jusqu'au bout de sa démarche, quitte à provoquer une mini crise politique. À moins qu'elle n'obtienne un lot de consolation digne de ses mérites. C'est ainsi qu'elle fut nommée ministre déléguée à l'Enseignement scolaire auprès de Claude Allègre, ami intime du Premier ministre et nouveau titulaire du portefeuille de l'Éducation nationale. Plus qu'une promotion, ce strapontin était destiné à calmer l'appétit de la camarade Royal. Après avoir été ministre en 1992, elle n'était plus que ministre déléguée, mais... elle s'en contenta. Ses électeurs n'y verraient que du feu. Ils seraient fiers que leur députée fasse son retour dans le gouvernement à un poste qui concernait peu ou prou chacun d'entre eux.

C'est ainsi que Ségolène revint dans les Deux-Sèvres, le dimanche suivant son élection, parée du titre tout neuf de ministre déléguée, pour participer à la fête du Chabichou et au fameux colloque européen sur les produits laitiers que nous étions parvenu(e)s, non sans mal, à mettre sur pied. Son titre de ministre avait attiré l'attention des autorités européennes sur cet événement mineur. La Commission, ayant appris l'entrée au gouvernement de l'organisatrice de ces festivités champêtres, avait mandaté un conseiller de l'Union européenne, pour faire le déplacement de Bruxelles à Melle.

C'était au début du mois de juin et le temps était splendide. Ayant manqué la séance d'ouverture du colloque, Ségolène assista au déjeuner qui réunissait les participants et en profita pour serrer quelques mains. Il est vrai que celles-ci se tendaient plus volontiers encore qu'auparavant. Les élus et les responsables agricoles locaux savaient qu'il était de leur intérêt d'être au mieux avec Madame la Ministre qui pouvait contacter en cas de problèmes son collègue de l'Agriculture pour faire avancer tel ou tel dossier.

Ségolène ne s'attarda pas au colloque et me demanda de la conduire chez son ancien directeur de campagne, et trésorier de plusieurs associations qu'elle présidait. Elle avait visiblement envie de se détendre et de goûter au calme de la campagne après la semaine agitée qu'elle venait de vivre à Paris. C'est à l'ombre des arbres du grand parc et au bord de la piscine que l'épouse du zélé ségoliste nous offrit des cerises fraîchement cueillies. Ségolène et son argentier discutaient de la composition de son cabinet et, à en juger par leurs échanges, c'était une tâche ardue. Parant au plus pressé, ils avaient repris la liste des membres du cabinet de Ségolène lorsqu'elle était ministre de l'Environnement et, en énumérant les différents noms, ils se fendaient d'un commentaire le plus souvent navré : « Mais peut-être n'aura-t-il pas envie de revenir. » Ce petit jeu pouvait laisser croire que ses anciens conseillers réfléchissaient à deux fois avant de se réengager à ses côtés. Mais à chaque fois Ségolène tentait de se rassurer : « Pour avoir le privilège de travailler dans un ministère, on passe sur bien des choses et on accepte bien des compromis. »

Alors qu'à la fin de cette même journée, je raccompagnais à la gare de Poitiers le haut fonctionnaire de la Commission européenne, il me fit part de ses impressions sur le colloque, lança quelques remarques polies sur Ségolène et me demanda discrètement s'il était facile de travailler avec elle. Je ne me suis bien sûr pas épanchée, mais il a lu dans mes pensées, a souri et m'a raconté qu'il comptait au nombre de ses amis une énarque qui avait fait partie du cabinet de Ségolène à l'Environnement. « Tous les soirs, me confia-t-il, elle rentrait chez elle en pleurant. Son mari a fini par exiger qu'elle démissionne, ce qu'elle a fait. »

Ségolène entendait bien être ministre tout en demeurant députée, même si selon la Constitution son suppléant devait siéger à sa place au Palais-Bourbon. Relatant la « première sortie ministérielle de Ségolène Royal », *Le Courrier de l'Ouest*, en date du 9 juin 1997, reproduisait sa déclaration : « J'ai entendu dire que je serai moins présente. Ne le croyez pas. Je garde mon bureau et mon équipe à Melle. Je continuerai à répondre aux sollicitations de tous. »

Quel crédit fallait-il accorder à sa promesse de garder son équipe ? Quelques semaines auparavant, elle ne m'avait pas caché qu'elle comptait se séparer de notre collègue « espionne ». Le jour de la fête du Chabichou, elle la félicita pourtant pour son travail et, ajoutant d'un ton protecteur : « Vous devez être bien fatiguée », elle lui suggéra de prendre des vacances. Ce qui aurait pu passer pour un geste amical était en réalité une lettre de cachet moderne, une manière d'éloigner discrètement un paria sans lui expliquer les raisons de sa disgrâce.

Il est vrai que Ségolène Royal a une grande facilité pour se débarrasser de ses collaborateurs ou délaisser les projets qui la gênent. Elle le fit encore récemment dans sa région du Poitou-Charentes, quand elle décida que l'équipe qui animait le centre caprin Cabrilia ne correspondait pas à ses attentes. Elle ne voulait pas pérenniser ce projet initié par Jean-Pierre Raffarin et elle n'hésita pas à téléphoner elle-même au président pour lui demander de pousser à la démission l'ensemble des membres de l'association et de faire procéder à de nouvelles élections avec la consigne suivante : faire élire un de ses proches à la présidence. Ce fut difficile, mais elle y parvint. Cela se traduisit par le licenciement de l'ensemble du personnel et la non-affectation de locaux financés par des fonds publics (Europe, État, Région). Afin de ne pas perdre une partie des subventions, Ségolène pensa pouvoir transférer le Fonds régional d'art contemporain (FRAC), hébergé à Angoulême dans ces locaux tout neufs, voués à l'agriculture. Mais la magie Royal ne fonctionna pas cette fois. Les financements octroyés par la Commission européenne avaient une mission agricole et non artistique. Il fallait les restituer... Et puis, qui irait visiter cet « entrepôt agro-artistique » en pleine campagne ?

L'insouciance avec laquelle Ségolène avait prétendu pouvoir être à la fois ministre et députée me semblait inquiétante. La Constitution prohibe ce type de cumul, ne serait-ce qu'en vertu du principe de la séparation des pouvoirs. Un ministre est le représentant du pouvoir exécutif et un député celui du pouvoir législatif, deux pouvoirs dont les intérêts peuvent diverger. Ce n'est d'ailleurs pas uniquement pour des raisons de philosophie du droit que les rédacteurs de la Constitution ont établi le non-cumul de ces deux fonctions. Il faudrait être Hercule pour accomplir pareil exploit tant la charge de travail, dans l'une et l'autre fonction, est colossale, et Ségolène ne pouvait être à la fois au four et au moulin. Et elle le savait car elle avait été ministre de 1992 à 1993. Sa déclaration n'avait qu'un but : intimider son suppléant, Jean-Pierre Marché, dont elle enrageait de savoir qu'il siégerait à nouveau sur les bancs du Palais-Bourbon avec le risque qu'il y prenne goût.

Elle pensait pouvoir neutraliser toutes les initiatives de ce suppléant « rival » en maintenant son ancienne équipe parlementaire pleinement mobilisée. Voilà pourquoi, dès le lendemain, nous nous retrouvâmes tous à la permanence de Melle, à l'exception de notre collègue ostracisée qui, trop confiante, et suivant les conseils de sa patronne, était partie en vacances. Ce jour-là, Ségolène me demanda de changer les serrures du bureau afin qu'elle n'ait plus accès à la permanence. Je refusai cette basse besogne et ce fut finalement son directeur de campagne qui mena à bien cette peu glorieuse mission.

Il ne restait plus qu'un détail à régler : l'élaboration de nos nouveaux contrats de travail. Cette fois encore, Ségolène avait une idée de génie, moyennant un petit arrangement avec les usages parlementaires. Elle « donnait » la collaboratrice répudiée à Jean-Pierre Marché, en échange de quoi, elle pourrait rémunérer le reste de son ancienne équipe sur l'enveloppe collaborateurs de son suppléant. Elle lui laissait quand même un petit smic de réserve pour recruter lui-même une personne de son choix. Cet homme détestait à ce point les intrigues et les complots qu'il était loin d'imaginer que Ségolène lui proposait en fait de rémunérer des salariées qui, au lieu de travailler pour lui, seraient chargées de faire la promotion de la ministre tout en l'empêchant de prendre la moindre initiative. Pour nous, c'était évidemment à prendre ou à laisser.

J'étais exténuée par cette manière assez peu royale de régler la situation salariale de ses collaboratrices, d'autant plus qu'un conflit concernant notre rémunération pendant la période électorale menaçait d'éclater. Malgré l'établissement en bonne et due forme de nos contrats de travail par le directeur financier de Ségolène, nous venions d'apprendre que ces contrats ne seraient pas honorés. Ségolène avait remarqué qu'à la suite de notre licenciement consécutif à la dissolution, nous avions touché environ deux mois d'indemnités et le solde des congés payés non pris. À ses yeux, c'était une somme rondelette, et elle estimait qu'elle n'avait pas à payer pour les trois semaines du CDD signé pour sa campagne. Surtout, elle arguait que ces salaires risquaient de gonfler ses comptes de campagne et de ternir son image auprès des citoyens. Nous ne comprenions pas cette réaction qui allait à l'encontre de tous les principes du droit du travail. Nous n'étions pas des militantes mais des salariées et pensions naïvement que tout travail mérite salaire. Nous avons longuement discuté de l'attitude à adopter. Mais, considérant comme une chance l'opportunité d'être réembauchées, nous étions prêtes à fermer les yeux, et à perdre notre revenu et nos droits sociaux pour la période de campagne. Après tout, une nouvelle législature commençait et devait nous assurer du travail pour cinq ans. Notre bonne volonté ne fut pas payée de retour.

Parallèlement à cette affaire, Jean-Pierre Marché s'était inquiété de sa situation administrative auprès des services de l'Assemblée nationale, qui lui avaient confirmé que l'enveloppe collaborateurs était destinée à rémunérer du personnel recruté par lui et travaillant pour lui. Toute dérogation à ce principe pouvait être apparentée à de l'abus de bien social ou à de l'emploi fictif. Le député, ex-suppléant, refusa donc l'étrange proposition de Ségolène et entreprit de constituer sa propre équipe.

Pour punir Jean-Pierre Marché, Ségolène décida en guise de représailles de conserver pour elle les lettres et invitations destinées au député, missives que nous avions ordre de ne pas transmettre à « l'ennemi ». Le nouveau député se retrouva victime d'une excommunication prononcée par sainte Ségolène. Elle lui signifia par l'intermédiaire de l'un de ses proches l'interdiction d'assister aux manifestations où elle serait présente. S'estimant représentant légitime du peuple, il refusa d'obtempérer.

Cette querelle nuisait évidemment aux intérêts de la circonscription. Faute de communication entre Ségolène et Jean-Pierre Marché, plusieurs dossiers resteraient en souffrance. Certains projets, sur le point d'aboutir, ne verraient pas le jour et cela pénaliserait en premier lieu les habitants, littéralement pris en otage par les caprices de la Dame du Poitou.

Au beau milieu de ce conflit à peine larvé, mais dans l'indifférence générale, nous, les anciennes collaboratrices de Ségolène, nous trouvions dans une impasse statutaire et financière. Nous étions les otages d'une promesse d'embauche que Ségolène était incapable de finaliser, et nos contrats de la campagne n'ayant pas été honorés, nous n'étions plus payées depuis un mois et demi. Nous devenions de plus en plus sourdes aux belles paroles de tous ceux qui nous assuraient : « c'est un déplorable malentendu », « tout va bientôt s'arranger ». Si ces marques de sympathie nous réconfortaient encore, elles ne comblaient pas le découvert de nos comptes en banque et ne réglaient pas nos factures.

J'habitais Niort et, chaque jour, je devais faire cent vingt kilomètres en voiture entre mon bureau de Melle et mon domicile. Au cours de cette période, nous n'eûmes qu'une fois Ségolène au téléphone. Elle nous écouta avec beaucoup d'attention, nous assurant que cette situation déplorable ne durerait pas. Confrontée à ses nouvelles responsabilités ministérielles, elle devait prendre ses marques et, surtout, préparer la prochaine rentrée scolaire. Nous n'avions pas à nous en faire. Sous peu, son équipe parisienne serait en place et, soulagée des dossiers les plus urgents, elle pourrait se consacrer à régler notre situation.

À ce stade, je n'avais plus d'espoir, je connaissais trop bien les fabliaux de la fée Ségolène. En prime, l'atmosphère à la permanence devenait irrespirable. Transformée en une sorte d'officine spécialisée dans les basses œuvres, une part de notre activité consistait à gêner l'action de Jean-Pierre Marché. Notre collègue bannie qui avait prolongé ses vacances sur la gentille proposition du directeur de campagne, car « il y avait pour l'instant peu de travail à la permanence », continuait de tout ignorer de son licenciement programmé. N'en pouvant plus de cette ambiance exécrable, je finis par menacer ce fidèle conseiller d'aller alerter la presse sur notre situation. Sa réaction angoissée m'incita à penser que j'avais visé juste. Ségolène était terrifiée à l'idée qu'un petit scandale puisse écorner sa réputation ou qu'un entrefilet ravageur nuise à son image. Désormais ministre, elle redoutait certainement de voir l'un de ses collègues brandir un journal révélant ses conceptions curieuses du droit social.

Le vendredi suivant, Ségolène arriva à la permanence, tout sourire. Elle nous apportait de bonnes nouvelles. En guise de solution, elle nous proposait de signer des contrats du ministère de l'Éducation nationale. Nous étions surprises, car nous ne comprenions pas, même avec la meilleure volonté du monde, en quoi notre mission de propagande ségoliste à Melle pouvait se rapprocher du service public de l'Éducation nationale. De plus, ces contrats étaient pour le moins singuliers. N'y figuraient ni la date de début d'engagement, ni la durée et l'intitulé du poste, et encore moins le salaire. La légalité de ces contrats était incertaine car, même ministre déléguée, Ségolène ne pouvait passer outre certaines règles de recrutement de la fonction publique. Tout cela me rappela ses promesses d'embauche par Poitou 93 ou EDF.

J'expliquai alors à l'ancien directeur de campagne qu'il était hors de question pour moi de signer des documents en blanc. D'ailleurs, pouvait-on réellement parler de contrats ? Il me rétorqua d'un ton courroucé : « Évelyne, tu es décidément trop exigeante. » Sentant la tension monter, Ségolène nous invita à déjeuner pour nous narrer par le menu son installation rue de Grenelle. Elle tentait son jeu de la séduction auquel j'avais déjà tellement succombé...

Le patron du restaurant où elle nous convia était très heureux de recevoir Ségolène. Madame la Ministre fut saluée comme il se devait et se conduisit avec une apparente simplicité. Elle n'était pas en représentation mais avec des « ami(e)s de longue date », qu'elle entendait régaler de bons plats et du récit de ses nouvelles aventures parisiennes.

Je pensais que plus rien ne pourrait me surprendre venant de sa part, quand soudain, elle proféra, avec une insouciance totale des propos qui, dix ans plus tard, me paraissent toujours inqualifiables. Alors qu'elle évoquait certaines de ses déclarations sur la pédophilie dont la presse avait fait grand bruit et qui avaient assis sa réputation de femme d'ordre et d'autorité, elle se félicita elle-même d'avoir eu « la chance » – ce fut le terme qu'elle employa – d'avoir eu un cas de pédophilie dans sa circonscription, « ce qui [lui donnait] de l'avance sur Allègre ». Le terme « chance » me semblait plutôt mal approprié. Je ne voyais pas en quoi cela pouvait constituer pour une élue une occasion de se réjouir, ni de « l'avance » sur un autre ministre.

Sa langue n'avait pas fourché. Elle avait tenu ces propos parce qu'elle y croyait sincèrement, tout comme elle pensait qu'une pension alimentaire pouvait aisément permettre à une employée à plein-temps de se contenter d'un demi-salaire. Cette phrase, prononcée de manière anodine, opéra en moi un véritable déclic. La séduction cessa définitivement d'opérer. Ce fut le dérapage de trop. Dorénavant, il ne me restait de ma collaboration avec Ségolène qu'une immense déception. Ma décision était prise, je ne travaillerai plus jamais à ses côtés.

*

L'affaire de pédophilie à laquelle elle faisait allusion, et que j'avais suivie, remontait au printemps 1997. Déjà à l'époque, l'intervention de Ségolène dans ce dossier m'avait profondément heurtée. Le maire de Mairé-Levescault l'avait prévenue que plusieurs enfants du village affirmaient avoir été victimes d'attouchements sexuels de la part de leur instituteur. Dans ces petits villages, la maîtresse ou le maître d'école est, comme sous la IIIe République, une véritable personnalité locale et fait souvent office de secrétaire de mairie. À ce titre, il jouit d'une certaine influence. Ne sachant quelle attitude adopter, le maire avait préféré prendre conseil auprès d'une élue qu'il imaginait capable de l'aider à gérer les conséquences d'un tel drame. Celle-ci s'était d'emblée emparée du dossier en jouant au pompier pyromane, ne s'épargnant aucun effort pour mener à bien sa croisade contre la pédophilie. Elle avait organisé une réunion, un soir, avec les parents d'élèves, tout à la fois satisfaits de voir une élue d'envergure nationale s'occuper de cette pénible histoire et inquiets d'avoir à évoquer en public les récits confus que leur avaient faits leurs enfants.

Ségolène ne fit pas que les rassurer, elle leur redonna confiance en leurs enfants. Pour elle, il était évident que les enfants disaient la vérité et que leur instituteur était un monstre. Elle incita les parents à porter plainte au nom de leurs enfants mineurs. À ses yeux, la parole des enfants était sacrée et primait toute autre considération. Nous savons, depuis le fiasco judiciaire d'Outreau, combien il est difficile de se fier à la seule parole des enfants ou aux affirmations de personnes particulièrement faibles sur le plan psychologique. Prendre immédiatement parti, comme l'avait fait Ségolène, en éludant les objections, n'est pas forcément la meilleure conduite à adopter, sans compter qu'il convient de respecter au minimum la présomption d'innocence de celui qui est accusé de tels actes. C'est l'un des piliers fondamentaux de notre État de droit et j'étais persuadée qu'en tant que représentante du pouvoir législatif, Ségolène aurait gagné à se souvenir de ce sage principe.

Il n'en fut rien. Pressentant que l'affaire serait très médiatisée, elle avait elle-même contacté l'Inspection académique pour demander la révocation immédiate de l'instituteur. Interrogé par les gendarmes, ce dernier fut rapidement mis en examen. Son procès eut lieu avec une rare célérité et l'homme ayant reconnu certains faits, il fut condamné, le 10 juillet 1997, à quatre ans de prison ferme pour agression sexuelle sur mineurs de moins de quinze ans. Ne supportant pas cette condamnation, l'instituteur se suicida, alors qu'il était en liberté provisoire.

Personne ne pourrait contester que cet homme avait mérité la peine que lui avait infligée le tribunal, en revanche, la manière hâtive dont Ségolène s'est emparée de ce dossier me semble, elle, contestable. En effet, elle a utilisé cette affaire pour multiplier les déclarations provocatrices et jusqu'au-boutistes. Dans un entretien publié par *Le Parisien* du 6 juin 2006, son ministre de tutelle de l'époque, Claude Allègre, rapportait que Ségolène Royal souhaitait « suspendre immédiatement tout enseignant suspect ». Alors qu'il rappelait à sa ministre déléguée que la présomption d'innocence valait pour tous, y compris pour les enseignants, Ségolène Royal lui avait rétorqué « cette phrase fabuleuse si on a en tête l'affaire d'Outreau : "Les enfants ne mentent jamais" ». Le philosophe Alain Etchegoyen, qui était en 1997 membre de son cabinet, rapporte, lui, qu'au cours de la préparation d'une émission de télévision, elle avait testé sur son entourage l'effet que produirait l'affirmation : « Il est surprenant que les enseignants pédophiles ne puissent être détectés lors de la visite médicale obligatoire pour l'embauche de tout nouveau fonctionnaire. » Les regards gênés et consternés de ses interlocuteurs devant ce morceau de « bravitude » l'avaient convaincue de ne pas recourir à cet argument pendant l'enregistrement de l'émission.

Dans les mois qui suivirent, Ségolène continua d'intervenir très régulièrement sur les affaires de pédophilie, en conservant toujours le cap qu'elle s'était fixé dans les Deux-Sèvres : « les enfants ne mentent jamais ». Ainsi, neuf mois après avoir rendu visite à La Salamandre, une maison d'accueil pour enfants en difficulté placée sous la tutelle du conseil général des Deux-Sèvres, elle éprouva le besoin d'informer le président du conseil général, qu'elle avait « ressenti un vrai malaise » et une « ambiance de pédophilie » lors de son inspection informelle de cette structure.

Lors de sa visite en février 1997, les responsables de La Salamandre s'étaient félicités d'avoir reçu la visite de « leur députée » qui avait eu à leur égard des paroles aimables. L'article du journaliste de *La Nouvelle République* qui avait couvert ce déplacement, nécessairement médiatisé, fut publié le 4 mars 1997 sous le titre : « La Salamandre séduit Ségolène ». Le rédacteur avait sans nul doute bénéficié de certaines confidences et sa prose ne lui avait valu aucune lettre de démenti. Or, vous savez maintenant comment Ségolène surveille la manière dont la presse rend compte de ses activités ! À l'hiver 1997, La Salamandre était donc en odeur de sainteté. À l'automne suivant, c'était un lupanar où les éducateurs assouvissaient sur les enfants leurs penchants coupables.

L'accusation était grave. Le conseil général et le procureur de la République de Niort, ne pouvant ignorer la lettre de Ségolène, diligentèrent une enquête qui aboutit, en janvier 1998, au classement sans suite de l'affaire. Le prétendu scandale était mort-né.

Cela n'arrêta pas Ségolène qui réitéra ses soupçons auprès du nouveau président du conseil général. Une enquête, menée cette fois par les Renseignements généraux, conclut au caractère sans fondement des soupçons nourris par la ministre déléguée. Excédés par son acharnement à leur égard, les membres du conseil d'administration de La Salamandre finirent par rendre publique la lettre qu'ils avaient adressée à Ségolène et aux différentes autorités locales. Après avoir rappelé que, lors de sa visite, elle n'avait rencontré que « le président et le trésorier de l'association, le directeur et le chef du personnel... en l'absence des enfants qui se trouvaient à l'école », ils lui demandaient fort respectueusement de leur apporter, par courrier, « à l'abri de toute publicité polémique », « des réponses précises aux questions pour le moins troublantes [qu'ils se posaient] en tant que responsables de cette structure ». Et de préciser dans leur courrier : « Notre souci premier à travers cette démarche peu habituelle envers un ministre en exercice et une candidate potentielle aux prochaines élections sur notre circonscription est d'éviter tout amalgame et toute utilisation à des fins politiques de cette affaire navrante. » Ils attendent toujours une réponse de l'intéressée. L'affaire n'ayant pas abouti, Ségolène s'empressa de faire oublier ce faux pas qui pouvait, à tout moment, se retourner contre elle.

*

Déterminée après son discours abject au restaurant à rompre avec elle, je me rendis à mon bureau le lundi matin, avec la ferme intention, cette fois, de tirer un trait définitif sur ma carrière de ségoliste. En arrivant, je trouvai une enveloppe contenant cinq mille francs en espèces, accompagnés de ce mot laconique : « Avance dépannage ». Elle persistait à vouloir gagner du temps et à acheter mon silence en faisant mine de comprendre et partager mes soucis. Elle n'avait même pas senti ma gêne lors de notre déjeuner. Je ne voulais plus de son aumône. Je lui renvoyai, par mandat, les cinq mille francs et lui fis parvenir ma lettre de démission, l'informant que n'étant liée à elle par aucun document officiel, je ne me présenterais pas au bureau le lundi suivant.

Ainsi, fin juillet 1997, je rompis tout lien avec elle, sans avoir perçu le moindre centime en contrepartie du travail que j'avais effectué pour elle, en tant que salariée et non en tant que militante, durant les trois semaines de la campagne électorale ainsi que durant les mois de juin et de juillet.

CHAPITRE 7

L'intrigante et l'honnête homme

Une de mes collègues m'imita, alors que celle que Ségolène avait « mise en vacances » était déjà partie. Notre départ ne passa pas inaperçu, car les électeurs et les militants avaient depuis plusieurs années affaire à nous, et savaient laquelle d'entre nous suivait tel ou tel dossier. La plus ancienne des collaboratrices, celle que Ségolène avait soupçonnée de trahison, travaillait avec elle depuis son arrivée dans les Deux-Sèvres, dix ans auparavant. Beaucoup d'entre eux ne comprenaient pas notre départ et ne furent pas convaincus par les explications embarrassées fournies par le nouveau staff de Ségolène.

La première réaction de celle-ci en recevant notre démission fut de nous ordonner de reprendre au plus vite nos fonctions. Elle ne prit pas la peine de tenter de résoudre elle-même ce litige, mais fit téléphoner son directeur de cabinet au ministère. Elle refusait que nous la quittions...

Surtout, elle était extrêmement contrariée par notre « trahison ». En effet, Jean-Pierre Marché, l'ennemi intime de la ministre déléguée, n'avait pas encore fini de constituer son équipe et il nous proposait de travailler avec lui. Il était ravi d'engager trois personnes expérimentées qui connaissaient bien sa circonscription, les élus locaux et les dossiers importants. Et, même s'il ne m'en a jamais rien dit, je pense qu'il n'était pas mécontent de montrer à Ségolène, combien il ne confondait pas ses ex-collaboratrices avec elle. Ce fut un véritable plaisir de travailler avec cet homme. Il avait certes moins d'envergure nationale que Madame Royal, mais tellement plus d'humanité !

Bien entendu, les fidèles de Ségolène firent circuler des rumeurs sur notre compte. Nous étions attaquées sur le plan politique et soupçonnées d'avoir fomenté notre coup avec Jean-Pierre Marché depuis des lustres. Celui-ci cherchait à nous utiliser pour nuire à la sous-ministre. Ségolène se posait de nouveau en victime.

En coulisse, les ségolistes firent tout pour entraver l'action du nouveau député et de son équipe. Oubliée la solidarité de parti, dès l'instant où l'on pouvait gêner les projets de ce parlementaire ingrat. Leurs efforts visaient surtout à nous empêcher d'avoir accès au terrain et aux électeurs. Une mairie qui avait accepté d'héberger une permanence provisoire, découvrit soudain que le seul bureau prévu à cet effet était retenu depuis longtemps par une mystérieuse association dont les adhérents négligents avaient oublié la réunion ! Nous étions relégués comme des pestiférés dans des pièces d'une vétusté repoussante où le ménage n'avait pas été fait depuis des lustres. C'était un moyen habile d'humilier Jean-Pierre Marché en révélant à tous son cruel manque de moyens.

La plupart des initiatives qu'il voulait prendre étaient systématiquement contrecarrées. Il avait ainsi obtenu une aide dans le cadre de la réserve parlementaire pour la réfection du gymnase de Lezay. On appelle réserve parlementaire les sommes accordées par l'Assemblée nationale aux élus pour aider à la réalisation de projets locaux. Dans ce cas, il avait obtenu une belle subvention : un million de francs. Ce projet tenait d'autant plus à cœur à Jean-Pierre Marché qu'avant d'abandonner son poste pour cause de non-cumul des mandats, il avait longtemps été maire de Lezay. Il avait cédé son fauteuil municipal à son premier adjoint, aujourd'hui vice-président du conseil régional de Poitou-Charentes et ségoliste de raison.

Jean-Pierre Marché tint à informer par lettre son successeur de la bonne nouvelle. Quelle ne fut pas sa surprise de recevoir une missive à peine polie déclinant la manne ! Et pour cause : Ségolène avait, elle, déniché, on ne sait trop comment, une subvention d'un million deux cent mille francs pour la réfection du gymnase de Lezay. « Étrangement », cette aide n'était pas cumulable avec celle accordée par « l'ennemi ». Charge à ce dernier de trouver une autre destination à ces fonds et d'expliquer le changement d'affectation à ceux qui lui avaient accordé la subvention.

Jusqu'à la fin de la législature, Ségolène n'eut de cesse de « pourrir la vie » de son suppléant en faisant mener une guérilla incessante contre lui. Je l'ai dit, on lui avait signifié au début de la législature qu'il était indésirable lors des manifestations où Ségolène serait présente. Elle seule pouvait faire office de député. Cette interdiction de principe dura jusqu'à la fin de son mandat en 2002. Bien sûr, il était matériellement impossible de lui interdire l'accès aux événements. Non seulement il recevait normalement, en tant que député, les invitations, mais une éventuelle absence de sa part aurait été mal interprétée par les habitants et par les élus locaux, qui l'appréciaient pour la plupart. Il ne tint donc jamais compte de l'oukase Royal.

Sur le plan pratique, cette situation pouvait provoquer certains quiproquos comme lors de cette réunion publique organisée à Celles-sur-Belle pour présenter le contrat de plan État-Région. C'était un événement considérable qui mobilisait le préfet de région, les préfets et sous-préfets départementaux, les conseillers régionaux et généraux, les députés, les sénateurs et les maires, ainsi que les représentants de la société civile. La séance était présidée par le président de la région, Jean-Pierre Raffarin. N'étant plus élue des Deux-Sèvres, Ségolène n'était en rien concernée par ce projet, mais elle avait quand même signifié au préfet qu'elle serait présente. Un tantinet embarrassé, le préfet avait averti Jean-Pierre Raffarin qui, en bon républicain, n'avait fait aucune difficulté à sa venue, à la condition toutefois qu'elle soit placée, certes au premier rang dans la salle, mais non sur l'estrade réservée aux élus.

Furieuse de cette exigence, pourtant conforme au protocole, Ségolène voulut non seulement être sur l'estrade mais aussi avoir la certitude que Jean-Pierre Marché ne serait pas là. La réunion devait avoir lieu le lundi. Le vendredi soir, à vingt et une heures, le préfet, plutôt gêné, appela Jean-Pierre Marché pour lui expliquer qu'il était « privé » d'estrade. Fort poliment, le député écouta son interlocuteur, réservant prudemment sa réponse. Le représentant de l'État lui laissa jusqu'au lundi matin pour réfléchir.

Jean-Pierre Marché n'avait nullement l'intention de se laisser intimider et de manquer l'événement. Ségolène avait beau être ministre déléguée, elle n'avait aucun pouvoir pour composer à sa guise une salle ni pour régler le déroulement d'une manifestation officielle. Au cours de la matinée du lundi, j'eus à trois reprises au téléphone le secrétaire général de la préfecture. Celui-ci, d'une voix mal assurée, m'informait à chaque fois que le préfet, en déplacement, attendait une réponse rapide de Jean-Pierre Marché et qu'il avait laissé son portable ouvert à cet effet.

Jean-Pierre Marché, volontairement introuvable, attendit la fin de la matinée avant de rappeler le préfet qui le supplia presque de ne pas venir afin d'éviter un clash avec Ségolène, dont il connaissait le caractère irascible. Visiblement, il craignait qu'elle ne lui fasse payer cher ce qu'elle considérait comme un outrage ultime : siéger aux côtés d'un élu de son parti. Avec une bonne dose d'ironie dans la voix, Jean-Pierre Marché lui fit remarquer qu'il était bien loin de ces préoccupations et ignorait même si on lui avait réservé une place sur l'estrade. Le préfet lui ayant précisé que tel était bien le cas, le député confirma alors sa venue. Je pense qu'à cet instant, le ciel tomba sur la tête du haut fonctionnaire. Finalement, Jean-Pierre Raffarin endossa le rôle du juge de paix socialiste, un rôle de pure composition ! Il s'arrangea pour que le député et la ministre soient tous deux sur l'estrade sans avoir à se croiser. En bon maître de ballet républicain, il officia avec talent et évita un esclandre.

La rivalité entre Ségolène et Jean-Pierre Marché prit un nouveau tournant lors des élections cantonales de 1998 auxquelles ils se présentaient tous deux, heureusement dans des cantons différents. Ségolène briguait à nouveau le poste de conseillère générale de La Mothe-Saint-Héray. Ses partisans avaient tiré la sonnette d'alarme. Ses longues absences avaient nui à sa popularité et les habitants lui reprochaient de préférer désormais les dossiers nationaux aux dossiers locaux. De plus, son principal adversaire à droite usait d'une stratégie habile : il l'ignorait totalement. À ses yeux, elle n'existait pas. Comme il était infirmier à domicile, il voyait souvent les électeurs et électrices et connaissait parfaitement leurs préoccupations. Pour pallier ce handicap, Ségolène décréta qu'il était urgent de remettre à l'honneur dans les mœurs politiques la pratique du porte-à-porte. Croyant bien faire, elle arrivait chez les gens dès sept heures et demie du matin, entourée de son escorte, et sans se soucier de leur vie privée. Elle avait pris grand soin d'écrire à tous les électeurs sur papier à en-tête du ministère, une manière de rappeler son statut et de signifier qu'elle ne jouait pas dans la même cour que les autres prétendants. Soucieuse de se concilier les nombreux électeurs protestants de son canton, elle n'hésita pas à publier un communiqué de presse, affirmant qu'elle avait le soutien de la communauté protestante, ce que cette dernière démentit immédiatement. Dans ce parcours, elle n'oublia personne, des maisons de retraite aux écoles. La tentative de séduction toucha même les collèges du canton, qui reçurent tous la visite de la ministre déléguée à l'Enseignement scolaire durant cette période de campagne.

Mais, cette fois, son « opération séduction » subit un échec relatif. À l'issue du premier tour, Ségolène Royal se trouvait en ballottage difficile. Mathématiquement, et même en comptant sur le report parfait de toutes les voix de gauche, elle allait être battue.

Pour elle, c'était inimaginable. Elle décida de tenter le tout pour le tout et décrocha son téléphone pour appeler... Jean-Pierre Marché. Officiellement, elle tenait à le féliciter pour sa belle victoire, car il avait été élu dès le premier tour, avec plus de 60 % des voix, signe de la vigueur de son enracinement local. Jean-Pierre Marché était évidemment plus que surpris. Depuis mai 1997, Ségolène lui avait « déclaré la guerre »...

Après les compliments d'usage, Ségolène aborda enfin ce qui la préoccupait vraiment : puisqu'il n'avait pas à mener campagne pour le second tour, elle serait enchantée s'il acceptait de venir lui prêter main-forte pour battre la droite. La tentative de rabibochage était un peu trop mesquine et... il refusa sèchement. Le lendemain, c'est le préfet qui l'appela, attirant notamment son attention sur le fait que le gouvernement accordait une grande importance à la réélection de Ségolène et qu'il saurait récompenser toutes les bonnes volontés. Jean-Pierre Marché lui rétorqua qu'il ne ferait rien, ni pour elle, ni contre elle.

Comme prévu, Ségolène fut battue et l'affaire aurait pu en rester là. Mais, c'était mal la connaître. Trois semaines plus tard, Jean-Pierre Marché reçut une lettre recommandée de la commission des conflits du PS, une instance dépendant du bureau national. On lui annonçait sans ménagement qu'il serait amené à répondre d'insubordination et de manquement à la discipline du Parti. Pour répondre à la demande de Ségolène, les instances dirigeantes du PS diligentaient cette procédure pour le moins insolite puisque visant un élu de leur parti qui avait eu l'immense tort d'être plébiscité par les électeurs de son canton. Un envoyé de la rue de Solferino vint bientôt pour enquêter et interroger les parties en cause. Une réunion avait été programmée à Niort, en présence de tous les conseillers généraux socialistes chaperonnés – cela aura son importance – par le directeur financier de la campagne de Ségolène. Jean-Pierre Marché me demanda de l'accompagner afin de lui servir, le cas échéant, de témoin.

Ce médiateur lui indiqua ne pas comprendre son attitude : il n'avait rien à reprocher quant à la manière dont il exerçait son mandat national, mais lui tenait grief d'une certaine réserve au niveau local. D'une voix assurée, Jean-Pierre Marché lui répondit simplement : « Il m'est impossible de travailler avec des gens malhonnêtes. » Il évoqua entre autres le cas de ses collaboratrices – nous en l'occurrence – que Ségolène avait fait travailler sans les payer.

Le mandataire financier de Ségolène rétorqua alors assez maladroitement : « Il n'y a pas d'histoire de secrétaires. Il n'y a plus de contrats, nous les avons déchirés. » Ainsi, il avait purement et simplement détruit des documents officiels, dont je possédais heureusement la copie. Pour moi, ce fut la provocation de trop. On ne pouvait pas mieux manifester le mépris dans lequel nous avions été tenues et le peu de cas que l'on avait fait de nos droits pendant plusieurs mois. Lancés dans une réunion socialiste, ces mots avaient une saveur encore plus indigeste.

Ce jour-là, je décidai que nous devions consulter un avocat. J'évoquai mon projet à mes collègues qui l'acceptèrent immédiatement. Il était temps de donner une leçon de civisme, de morale républicaine et de droit du travail à une femme et à son clan.

Par respect pour sa position, notre avocat commença par adresser un courrier à

Ségolène Royal en l'invitant à régler notre différend à l'amiable. Quelques mois plus tard, n'ayant reçu aucune réponse, nous choisîmes de médiatiser notre affaire qui fut largement reprise par la presse nationale et régionale. Une très vilaine publicité pour Ségolène dont le directeur de cabinet nous appela alors afin de nous proposer une rencontre qui devait être tenue à l'écart des regards de la presse et de la justice.

Nous ne demandions rien d'autre que notre salaire, nos bulletins de salaire et la régularisation auprès des organismes sociaux, ce que Ségolène nous refusa une fois de plus. Nous déposâmes alors une plainte aux prud'hommes. Compte tenu de la position de notre « patronne », notre action fut naturellement médiatisée. Le déclenchement de cette procédure eut également de funestes conséquences pour l'entourage de la ministre déléguée.

Pour *Charlie Hebdo*, Ségolène avait inventé « le smic à zéro franc ». *France-Soir* affirmait de son côté que Ségolène avait créé un nouveau concept et une nouvelle réalité sociale : « la délocalisation centralisée ». Pour preuve, la permanence de Melle continuait de fonctionner sur des fonds publics, alors même que Ségolène n'était plus élue locale. Les trois employées de la permanence, ainsi que deux conseillers généraux étaient payés par l'administration centrale de l'Éducation nationale alors que tous exerçaient l'essentiel de leurs activités dans les Deux-Sèvres. Cet article eut un effet dévastateur. Peu de temps après, les trois employées de Melle démissionnèrent. L'une d'entre elles fut embauchée par la communauté de communes dirigée par un maire « ami », l'autre par le rectorat de Poitiers. Seule une secrétaire continua de tenir la permanence, bénévolement, paraît-il. La révélation de leur rôle auprès de Ségolène poussa les deux conseillers généraux à démissionner du ministère de l'Éducation nationale pour « raisons personnelles », une démission publiée au *Journal officiel*.

Conclusion

Depuis la plainte déposée par mes collègues et moi aux prud'hommes de Niort en 1998, de longs démêlés judiciaires nous ont opposées à Ségolène Royal.

Elle n'a jamais voulu reconnaître les faits, et s'est positionnée en victime d'un complot politique initié par Jean-Pierre Marché. En 1999, les prud'hommes de Niort l'ont cependant condamnée en première instance à régulariser les trois semaines de campagne électorale durant lesquelles nous avions travaillé pour elle. Nous avons donc gagné cette première bataille, même si le tribunal des prud'hommes ne s'est pas prononcé sur notre travail à la permanence de Melle en juin et juillet 1997.

À l'issue de ce jugement, Ségolène tenta de sauver la face en déclarant à l'AFP que les prud'hommes lui donnaient enfin la possibilité de régulariser notre situation, ce qu'elle n'avait jamais pu faire auparavant. Elle était donc satisfaite, mais... elle fit tout de même appel de ce jugement !

Nous avons également formé un appel de ce jugement pour obtenir la pleine reconnaissance de notre travail et une rémunération pour les mois de juin et juillet 1997. Nous avons également choisi de déposer une plainte au pénal pour « travail clandestin », afin que la justice diligente une enquête permettant d'établir le lien hiérarchique qui nous unissait à Ségolène, lien que les prud'hommes nous demandaient de préciser. Nous avions des attestations le prouvant, mais elles n'étaient pas suffisantes. Vous imaginez bien qu'il n'est pas facile d'obtenir de tel document dans un milieu de sympathisants et de militants qui, s'ils peuvent reconnaître en privé le bien-fondé de votre démarche, refusent de salir l'image de leur parti.

À la suite de ce dépôt de plainte en pénal, une déclaration faite au journal *France-Soir* me valut une mise en examen pour diffamation, justement à propos de la difficulté d'obtenir des attestations. Un jugement du tribunal correctionnel de Paris débouta Ségolène de ses procédures contre le journaliste de *France-Soir*, le directeur de publication et moi-même. Lors de ce procès, un technicien de la Confédération paysanne avec lequel j'avais travaillé tout le mois de juin 1997 pour rédiger les actes d'un colloque vint spontanément témoigner afin d'accréditer mes propos. Un acte courageux dont je lui suis particulièrement reconnaissante.

Notre dépôt de plainte en pénal fut rejeté par le parquet de Niort, mais nous avons fait appel de cette décision et la cour d'appel de Poitiers décida que notre plainte était effectivement recevable. Elle dépaysa le dossier à Poitiers et nomma un juge pour instruire l'affaire. Ségolène n'accepta pas cette décision et forma un recours en cassation, qui fut rejeté.

Cette plainte en pénal n'a finalement été instruite qu'en juillet 2002, car Ségolène avait entre-temps déposé deux autres plaintes à notre encontre, l'une pour « procédure abusive » et l'autre pour « propos calomnieux ». Ses deux plaintes furent classées sans suite.

L'instruction de juillet 2002 déboucha sur un non-lieu et sur une condamnation pour chacune d'entre nous à une amende de deux mille euros pour procédure abusive, une décision assez rare dans les annales judiciaires de Poitiers. Ce jugement fut réformé par un nouvel appel, qui annula cette amende et dont les conclusions reconnaissent explicitement que nous avons travaillé, mais rejette l'accusation de travail clandestin, puisque Ségolène Royal n'avait pas intentionnellement mal agi. En conclusion, cette affaire ne pouvait pas relever du pénal. Cette décision insatisfaisante nous a amenées à former un nouveau pourvoi en cassation. Par un arrêt du 16 janvier 2007, la Cour de cassation nous a donné raison en considérant que la décision de la cour d'appel devait être révisée. Désormais, c'est le tribunal de Rennes qui (re)jugera notre affaire. Notre troisième collègue a souhaité retirer sa plainte. Elle travaille actuellement dans une communauté de communes dirigée par un des vice-présidents du conseil régional de Poitou-Charentes.

Je dois avouer qu'en entamant une procédure aux prud'hommes, ma collègue et moi ne nous attendions pas à devoir traverser un tel labyrinthe judiciaire. Cela fait pratiquement dix ans qu'un « petit » conflit concernant le non-respect du droit du travail sur une période très courte a éclaté et il n'est toujours pas réglé. Je veux simplement rappeler ici que le temps moyen pour une procédure aux prud'hommes est de deux ans environ. Apparemment, certains dossiers sont beaucoup plus longs à traiter et je comprends mieux pourquoi lors de son récent voyage en Chine, Ségolène Royal a vanté les mérites d'une justice expéditive ! Comme nous, elle doit souffrir de cette procédure qui n'en finit pas...

*

J'ai poursuivi ma collaboration avec Jean-Pierre Marché jusqu'en 2002, date à laquelle il choisit d'abandonner tout mandat électoral pour se consacrer à sa vie personnelle. Il est malheureusement décédé en juin 2004.

La période de ma vie professionnelle en relation, de près ou de loin, avec Ségolène Royal est définitivement close. Toujours assistante parlementaire, j'ai depuis changé de région, je travaille désormais pour deux élus des Vosges. Deux vrais mi-temps. Même si j'ai probablement au cours de mon récit utilisé des mots qui peuvent sembler durs à l'égard de Ségolène Royal, ma démarche n'est pas politicienne. J'ai été dans l'ombre de Ségolène, elle m'a fascinée puis déçue. Aussi, j'ai seulement voulu raconter à mes concitoyens, mon expérience, douloureuse il est vrai, avec cette femme si particulière. Face à son irrésistible ascension, il m'a semblé utile que soit restituée une part de « l'intimité de sa vie publique ».

*

Je devine que Ségolène et ses amis hurleront au règlement de comptes et au complot. Le lecteur aura compris, je l'espère, qu'il n'en est rien. C'est ma contribution à la « démocratie participative ». Elle en vaut bien une autre.

TABLE DES MATIÈRES

Mis en pages par DV Arts Graphiques à Chartres,
cet ouvrage a été achevé d'imprimer
en février 2007 sur système Variquik
par l'imprimerie Sagim-Canale à Courtry
pour les Éditions Michalon.

Imprimé en France

Dépôt légal : février 2007
N° d'édition : 394
N° d'impression : 9971

L'Imprimerie Sagim-Canale est titulaire de la marque Imprim'vert®